À plus ! 3

Nouvelle édition

Französisch für Gymnasien

Grammatikheft

mit Übungen

Cornelsen

À plus! 3 *Nouvelle édition*

Grammatikheft für den Französischunterricht

Im Auftrag des Verlages erarbeitet von
Gertraud Gregor

und der Redaktion Französisch
Corinna Martin-Werner

Projektleitung: Julia Goltz

Umschlaggestaltung und Layoutkonzept: werkstatt für gebrauchsgrafik, Berlin
Layout und technische Umsetzung: Rotraud Biem, Berlin
Illustrationen: Laurent Lalo
Fotos: Ísis Martins
Umschlagfoto: © Getty Images: Allan Baxter (links); © Getty Images: Rubberball / Nicole Hill (rechts)

www.cornelsen.de

Die Mediencodes enthalten ausschließlich optionale Unterrichtsmaterialien;
sie unterliegen nicht dem staatlichen Zulassungsverfahren.

1. Auflage, 8. Druck 2024

Alle Drucke dieser Auflage sind inhaltlich unverändert
und können im Unterricht nebeneinander verwendet werden.

© 2014 Cornelsen Schulverlage GmbH, Berlin
© 2016 Cornelsen Verlag GmbH, Berlin

Druck: Athesiadruck GmbH

ISBN 978-3-06-520196-4

PEFC-zertifiziert
Dieses Produkt
stammt aus
nachhaltig
bewirtschafteten
Wäldern und
kontrollierten Quellen
PEFC/18-31-166   www.pefc.de

Was du schon weißt

Hier findest du eine Zusammenfassung des Grammatikstoffes von *À plus!*, Band 1 und 2.

		Infinitiv	
Philippe **rêve**	**de**	rencontrer	Éléonore.
Philippe **arrête**	**de**	téléphoner	à Éléonore.

Und es gibt Verben und Ausdrücke, an die du den Infinitiv mit der Präposition *de* anschließt.

MERKE Mögliche Infinitivanschlüsse:

Verb + $\begin{cases} / \\ à \\ de \end{cases}$ + Infinitiv

▶ p. 47 / Auf einen Blick

!

🇫🇷	**S'il fait beau, je me baigne.**	Bedingung
🇩🇪	Wenn (= Falls) ...	
🇫🇷	**Quand il fait beau, je me baigne.**	Zeitangabe
🇩🇪	Wenn (= Immer wenn) ...	

Hast du das verstanden? ▶ **Webcode**: APLUS-3-GH
Ergänze mit der richtigen Präposition.
1. Tim vient **?** Québec. 2. Chloé vient **?** France. 3. Aisha est **?** Tunisie. 4. Les parents de Chloé vont **?** États-Unis.

1 Fais le point

Hier kannst du überprüfen, was du in der *Unité* 1 gelernt hast. Diese Aufgaben kannst du unter www.cornelsen.de/webcodes APLUS-3-GH-28 herunterladen und ausfüllen.

1 Ersetze, wo es möglich ist, die Ortsangaben in den folgenden Sätzen mit *y*.

1. Lucien habite encore en France.
2. On a fait une belle promenade sur l'île Saint-Louis.
3. Nous avons aussi visité la cathédrale Notre-Dame.

AUF EINEN BLICK
Die Verbgruppen
Verben auf -er
Die meisten französischen Verben werden so konjugiert, Ausnahme: *aller*.

présent duratif
(*être en train de* + Infinitiv). Wird verwendet, um auszudrücken, dass eine Handlung gerade stattfindet: *Elle est en train de manger.* (Sie isst gerade.) (p. 50/36)

Im Kapitel „Was du schon weißt" (S. 7–21) kannst du den Grammatikstoff von *À plus!*, Band 1 und 2 nachschlagen und wiederholen.

In jedem Abschnitt findest du zuerst französische Beispielsätze, in denen der neue Grammatikstoff fett gedruckt oder farbig hervorgehoben ist. Im blauen Kasten findest du dann die Erklärung zu der neuen Grammatik. Neben dem **MERKE** steht die Kurzfassung der Regel. **Unser Tipp**: Am besten lernst du diese Regel auswendig.

Das Ausrufezeichen bedeutet, dass etwas besonders auffällig ist oder es sich um eine Ausnahme handelt.

Manchmal ist etwas im Französischen ganz genauso wie im Deutschen oder wie im Englischen, manchmal aber auch ganz anders. Hier kannst du die Sprachen miteinander vergleichen.

In den grünen Kästen kannst du überprüfen, ob du die neue Grammatik verstanden hast. Die Lösungen findest du auf www.cornelsen.de/webcodes unter dem Webcode APLUS-3-GH.

Am Ende jeder *Unité* steht ein *Fais le point*. Hier kannst du überprüfen, ob du die Grammatik der *Unité* beherrschst. Diese Aufgaben kannst du auch auf www.cornelsen.de/webcodes unter dem angegebenen Webcode herunterladen. Du kannst sie entweder direkt am Computer bearbeiten oder sie dir ausdrucken. Die Lösungen zu diesen Aufgaben findest du auf www.cornelsen.de/webcodes, ebenfalls unter dem Webcode APLUS-3-GH.

Hier sind die wesentlichen Informationen zu einem grammatischen Thema in einer Übersicht zusammengefasst.

Auf den Seiten 57–65 findest du Regeln zur Aussprache, ein kleines Lexikon der grammatischen Begriffe sowie Übersichten zu Konjugationen und Ergänzungen von Verben.

Inhaltsverzeichnis

Was du schon weißt

1	**Die Begleiter des Nomens**	**7**
1.1	Der Gebrauch des bestimmten Artikels	8
1.2	Der zusammengezogene Artikel	8
2	**Der Teilungsartikel und die Mengenangaben**	**8**
3	**Das Adjektiv**	**9**
3.1	Die Adjektive *beau* und *nouveau*	10
3.2	Die Stellung des Adjektivs	10
3.3	Der Komparativ des Adjektivs	11
3.4	Der Superlativ des Adjektivs	11
4	**Das Pronomen**	**12**
4.1	Das Personalpronomen	12
4.2	Das Relativpronomen	13
5	**Das Verb**	**14**
5.1	Die Verben *avoir* und *être*	14
5.2	Die regelmäßigen Verben auf *-er*	14
5.3	Die regelmäßigen Verben auf *-re*	15
5.4	Die Verben auf *-ir*	15
5.5	Die unregelmäßigen Verben	16
5.6	Das *futur composé*	17
5.7	Das *passé composé*	17
6	**Die Präpositionen** Eine Liste der Präpositionen findest du auf der vorderen Umschlagseite innen.	**18**
7	**Der Satz**	**18**
7.1	Die Satzteile	18
7.2	Die Wortstellung im Satz	18
7.3	Die Wortstellung im verneinten Satz	19
7.4	Der Nebensatz	19
8	**Der Fragesatz**	**20**
8.1	Fragen ohne Fragewort	20
8.2	Fragen mit Fragewort	20
9	**Die indirekte Rede/Frage**	**21**

Unité 1   Bienvenue à Paris

10	On y va?	Das Pronomen *y*	22
11	Le Louvre était un palais royal.	Das *imparfait*	22
11.1	Je parlais, tu finissais …	Die Bildung des *imparfait*	23
11.2	Autrefois, le Louvre n'était pas un musée.	Der Gebrauch des *imparfait*	24
12	Il a installé une cantine. C'était formidable.	*Imparfait* und *passé composé*	24
13	Je cours, tu suis, il construit …	Die unregelmäßigen Verben *courir*, *suivre* und *construire*	27
	Fais le point		28

Unité 2   Vivre ensemble

14	Ma copine a réagi autrement.	Die Adverbien auf -*ment*	29
15	Je ne voulais pas la décevoir.	Das unregelmäßige Verb *décevoir*	30
16	Le film est génial.	Die Adjektive auf -*al*	30
17	C'est un film dans lequel on rit du début à la fin.	Das Relativpronomen *lequel*	31
18	Il n'arrête pas de rire.	Die Infinitivergänzung der Verben	31
19	Le film me plaît beaucoup, tu sais.	Die unregelmäßigen Verben *plaire*, *savoir*, *vivre* und *rire*	33
20	Je lis ce qui me plaît. Elle ne sait pas ce qu'elle doit faire.	Die Relativsätze mit *ce qui* und *ce que*	34
	Fais le point		35

Unité 3   Vive le Québec!

21	Chloé vient de France.	Präpositionen und Artikel vor Ländernamen	36
22	Qu'est-ce qui te plaît à Montréal?	Die Fragen mit *qui est-ce qui?*, *qui est-ce que?* und *qu'est-ce qui?*	36
23	Ils se sont occupés des chiens.	Die reflexiven Verben im *passé composé*	37
24	Avant de préparer le traîneau, je me suis habillé.	Der Infinitivsatz mit *avant de*	38
25	– Est-ce que tu as un kayak? – Oui, j'en ai un.	Das Pronomen *en* (partitiv)	39
26	En traîneau, ça va moins vite.	Der Komparativ des Adverbs	40
27	On se déplace le plus souvent à pied.	Der Superlativ des Adverbs	41
28	Il y a plus de vingt mots différents pour «la neige».	Mengenangaben mit *plus de*, *autant de*, *moins de*	41
	Fais le point		42

Unité 4   La vie en famille

29	Passe-moi la télécommande, s'il te plaît.	Der Imperativ mit Pronomen	43
30	Je crois, tu crois, il croit …	Das unregelmäßige Verb *croire*	44
31	C'est moi qui passe l'aspirateur. C'est dimanche qu'on va au ciné.	Die Hervorhebung	44
32	Elle sort le chien. Il descend les poubelles.	Die Verben *descendre* und *sortir* mit direktem Objekt	45
33	Il se demande comment son père a piraté son mot de passe.	Die indirekte Frage	46
	Auf einen Blick	Verben und ihre Infinitivergänzungen	47
	Fais le point		48

Unité 5   Vacances en Bretagne

34	Ils en reviennent à 15 heures.	Das Pronomen *en* (lokal)	49
35	– Tu connais ce livre? – Lequel?	Das Fragepronomen *lequel*	49
36	Ils sont en train de faire une pause.	Das *présent duratif* (*être en train de* + Infinitiv)	50
37	Ils viennent de commencer la chasse.	Das *passé récent* (*venir de* + Infinitiv)	51
38	Je bois, tu bois, il boit …	Das unregelmäßige Verb *boire*	51
	Fais le point		52

Module B   Je veux qu'il vienne!

| 39 | … que je finisse, que tu finisses, qu'il finisse | Der *subjonctif* | 53 |

Module E   Si ça continue comme ça, …!

| 40 | Je mangerai, tu mangeras, il mangera … | Die Bildung des *futur simple* | 55 |
| 41 | S'il fait beau demain, je me baignerai. | Der reale Bedingungssatz | 56 |

Annexe

42	Buchstaben und Laute		57
43	Liste der grammatischen Begriffe		58
	Auf einen Blick	Die Verben und ihre Ergänzungen	63
	Auf einen Blick	Die Verbgruppen	64
	Auf einen Blick	Die Endungen der einfachen Verbformen	65

Was du schon weißt

Hier findest du eine Zusammenfassung des Grammatikstoffes von *À plus!*, Band 1 und 2.

1 Die Begleiter des Nomens | Les déterminants du nom

Der bestimmte Artikel

	maskulin		feminin	
	vor Konsonant	vor Vokal	vor Konsonant	vor Vokal
Singular	**le** garçon	**l'**ami	**la** fille	**l'**amie
Plural	**les** garçons	**les** amis	**les** filles	**les** amies

Der unbestimmte Artikel

	maskulin		feminin	
	vor Konsonant	vor Vokal	vor Konsonant	vor Vokal
Singular	**un** garçon	**un** ami	**une** fille	**une** amie
Plural	**des** garçons	**des** amis	**des** filles	**des** amies

Der Possessivbegleiter

	maskulin		feminin	
	vor Konsonant	vor Vokal	vor Konsonant	vor Vokal
Singular	**mon/ton/son** livre	**mon/ton/son** ami	**ma/ta/sa** sœur	**mon/ton/son** amie
Plural	**mes/tes/ses** livres	**mes/tes/ses** amis	**mes/tes/ses** sœurs	**mes/tes/ses** amies
Singular	**notre/votre/leur** livre	**notre/votre/leur** ami	**notre/votre/leur** sœur	**notre/votre/leur** amie
Plural	**nos/vos/leurs** livres	**nos/vos/leurs** amis	**nos/vos/leurs** sœurs	**nos/vos/leurs** amies

Der Demonstrativbegleiter

	maskulin		feminin	
	vor Konsonant	vor Vokal	vor Konsonant	vor Vokal
Singular	**ce** garçon	**cet** ami	**cette** fille	**cette** amie
Plural	**ces** garçons	**ces** amis	**ces** filles	**ces** amies

Der Fragebegleiter *quel*

	maskulin		feminin	
	vor Konsonant	vor Vokal	vor Konsonant	vor Vokal
Singular	**quel** garçon	**quel** ami	**quelle** fille	**quelle** amie
Plural	**quels** garçons	**quels** amis	**quelles** filles	**quelles** amies

Der Begleiter *tout*

	maskulin		feminin	
	vor Konsonant	vor Vokal	vor Konsonant	vor Vokal
Singular	**tout** le livre	**tout** l'argent	**toute** la classe	**toute** l'équipe
Plural	**tous** les livres	**tous** les amis	**toutes** les copines	**toutes** les amies

1.1 Der Gebrauch des bestimmten Artikels | L'emploi de l'article défini

– On va au cinéma, **vendredi**?   ... am Freitag ...
– Non, **le vendredi**, je suis toujours chez ma grand-mère.   ... freitags ...

> Wochentage stehen <u>ohne</u> bestimmten Artikel, wenn ein einziger, bestimmter Tag gemeint ist. Wochentage stehen <u>mit</u> bestimmtem Artikel, wenn ein regelmäßig wiederkehrender Wochentag gemeint ist (etwas geschieht jede Woche an diesem Tag).

Il <u>aime</u> **la** musique.   Romain <u>préfère</u> l'athlétisme.
Elle <u>déteste</u> **le** tennis.   Hélène <u>adore</u> **les** chiens.

> Nach den Verben *aimer, détester, préférer* und *adorer* steht das Nomen mit dem bestimmten Artikel.

1.2 Der zusammengezogene Artikel | L'article contracté

mit *de*	mit *à*
Noah fait **de la** musique.	Les élèves sont **à la** cantine.
Les filles sortent **de** l'école.	Jade est **à** l'infirmerie.
Lisa joue **du** piano.	Bilal parle **au** professeur.
Il fait une photo **des** copains.	Les enfants vont **aux** toilettes.

> Die bestimmten Artikel *le* und *les* werden mit den Präpositionen *à* und *de* zusammengezogen. Die bestimmten Artikel *la* und *l'* werden <u>nicht</u> mit den Präpositionen *à* und *de* zusammengezogen.

MERKE   ~~à + le~~ = *au*
             ~~à + les~~ = *aux*
             ~~de + le~~ = *du*
             ~~de + les~~ = *des*

2 Der Teilungsartikel und die Mengenangaben | L'article partitif et les quantifiants

Teilungsartikel

Ils achètent	**du**	beurre.	Sie kaufen ▬	Butter.
Ils achètent	**de la**	farine.	Sie kaufen ▬	Mehl.
Ils achètent	**de l'**	eau.	Sie kaufen ▬	Wasser.
Ils achètent	**des**	chips.	Sie kaufen ▬	Chips.

> Der Teilungsartikel hat die gleiche Form wie der zusammengezogene Artikel mit *de* (▶ p. 8/1.2). Im Deutschen gibt es keinen Teilungsartikel.

Mengenangabe

🇫🇷🇩🇪 | Ils achètent | **un paquet de** | beurre. | Sie kaufen ein Päckchen | ▬ | Butter. |
Ils achètent	**un kilo de**	farine.	Sie kaufen ein Kilo	▬	Mehl.
Ils achètent	**trois bouteilles d'**	eau.	Sie kaufen drei Flaschen	▬	Wasser.
Ils achètent	**beaucoup de**	chips.	Sie kaufen viele	▬	Chips.

> Nach einer Mengenangabe steht immer **de**. Im Deutschen werden Mengen ohne Präposition angegeben. Mengenangaben können sein:

– Nomen:

un kilo **de**   une tablette **de**

une bouteille **de**   un paquet **de**

– Adverbien:

beaucoup **de**	viel	ne ... pas **de**	kein/e/en
trop **de**	zu viel	ne ... plus **de**	kein/e/en mehr
peu **de**	wenig		

3   Das Adjektiv | L'adjectif

> Im Französischen musst du die Adjektive dem Nomen, zu dem sie gehören, in Genus und Numerus anpassen. Es gibt unterschiedliche Gruppen von Adjektiven:

| | maskulin | | feminin | |
	Singular	Plural	Singular	Plural
I.	Il est intelligent.	Ils sont intelligents.	Elle est intelligente.	Elles sont intelligentes.
	Il est bavard.	Ils sont bavards.	Elle est bavarde.	Elles sont bavardes.
2.	Il est joli.	Ils sont jolis.	Elle est jolie.	Elles sont jolies.
3.	Il est adorable.	Ils sont adorables.	Elle est adorable.	Elles sont adorables.
	Il est moche.	Ils sont moches.	Elle est moche.	Elles sont moches.
4.	Il est bon.	Ils sont bons.	Elle est bonne.	Elles sont bonnes.
	Il est nul.	Ils sont nuls.	Elle est nulle.	Elles sont nulles.
5.	Il est courageux.	Ils sont courageux.	Elle est courageuse.	Elles sont courageuses.
6.	Il est sympa.	Ils sont sympa.	Elle est sympa.	Elles sont sympa.

> 1. Von den meisten Adjektiven bildest du die feminine Form, indem du an die maskuline Form ein **-e** anhängst. Das **-e** verändert die Aussprache der femininen Form.
> 2. Endet die maskuline Form des Adjektivs auf einen Vokal, kannst du das angehängte **-e** der femininen Form nicht hören, musst es aber schreiben.
> 3. Endet die maskuline Form des Adjektivs schon auf **-e**, hängst du kein weiteres **-e** an.
> 4. Bei den Adjektiven **bon** und **nul** hängst du für die feminine Form ein **-e** an und verdoppelst den Konsonanten, der davor steht (**bon → bonne**). Bei **bon** verändert das die Aussprache der femininen Form: [bɔn]. Aber: Alle vier Formen von **nul** werden gleich ausgesprochen.
> 5. Die Adjektive auf **-eux** haben nur eine maskuline Form im Singular und Plural. Die femininen Formen enden auf **-euse/-euses**. Zu dieser Gruppe gehören **courageux, dangereux, malheureux** und **honteux**.
> 6. Die Adjektive **super, sympa** und **cool** sind unveränderlich.

3.1 Die Adjektive *beau* und *nouveau* | Les adjectifs *beau* et *nouveau*

| | maskulin | | feminin |
	vor Konsonant	vor Vokal	vor Konsonant und Vokal
Singular	un **beau** pull un **nouveau** pull	un **bel** instrument un **nouvel** instrument	une **belle** robe/idée une **nouvelle** robe/idée
Plural	des **beaux** pulls des **nouveaux** pulls	des **beaux** instruments des **nouveaux** instruments	des **belles** robes/idées des **nouvelles** robes/idées

Die Adjektive **beau** und **nouveau** haben im Singular <u>zwei</u> maskuline Formen:
– **beau** und **nouveau** stehen vor maskulinen Nomen im Singular, die mit einem
  Konsonanten beginnen,
– **bel** und **nouvel** stehen nur vor maskulinen Nomen, die mit einem Vokal oder einem
  stummen **h-** beginnen.
Vor femininen Nomen im Singular steht immer **belle** bzw. **nouvelle**.
Im Plural haben beide Adjektive nur <u>eine</u> maskuline Form.

Tu as vu ce **bel** <u>instrument</u>?

Ah, oui! Cet <u>instrument</u> est très **beau**.

Die Formen **bel** und **nouvel** verwendest du <u>nur direkt vor</u> einem Nomen.

3.2 Die Stellung des Adjektivs | La place de l'adjectif

Au centre-ville, il y a des **petites** <u>rues</u>.   Ce sont des <u>rues</u> **tranquilles**.
            Il y a aussi une **grande** <u>place</u>.   C'est une <u>place</u> **intéressante**.

Die meisten französischen Adjektive stehen hinter dem Nomen. Nur eine kleine Gruppe von
Adjektiven steht vor dem Nomen.

MERKE   Vor dem Nomen stehen: ***grand, petit, joli, bon, mauvais, beau, nouveau***
            und ***jeune***.

Dans le centre, il y a aussi un **joli, petit** <u>café</u> **sympa**.

❗ Bei einem Nomen können auch mehrere Adjektive stehen: vor- und nachgestellte.

3.3   Der Komparativ des Adjektivs | Le comparatif de l'adjectif

Robin est **plus grand que** Léo.

Léo est **aussi grand que** Sophie.

Clara est **moins grande que** Sophie.

> Um Personen oder Sachen miteinander zu vergleichen, brauchst du den Komparativ des Adjektivs. Um den Komparativ zu bilden, stellst du **plus, aussi, moins** vor das Adjektiv und **que** dahinter.

MERKE			
+	*plus*		
=	*aussi*	+ Adjektiv	+ *que*
−	*moins*		

bon/**bonne**	gut	**meilleur**/**meilleure** que	besser als
bons/**bonnes**		**meilleurs**/**meilleures** que	

> ❗ Der Komparativ von **bon**/**bonne** ist unregelmäßig.

3.4   Der Superlativ des Adjektivs | Le superlatif de l'adjectif

C'est le livre **le plus intéressant**.
C'est l'actrice **la plus célèbre**.
Ils achètent toujours les vêtements **les plus chers**.
Elles achètent toujours les baskets **les moins chères**.

> Die höchste Stufe des Vergleichs ist der Superlativ. Den Superlativ bildest du, indem du vor die Komparativformen **plus**/**moins** + Adjektiv einen Begleiter stellst. Das ist meistens der bestimmte Artikel. Der Superlativ steht hinter dem Nomen.
> Vergiss nicht, den bestimmten Artikel zwei Mal zu verwenden: Ein Mal vor dem Nomen, ein Mal beim Superlativ.

	Komparativ	Superlativ
bon/**bonne**	**meilleur**/**meilleure** que	**le meilleur** / **la meilleure**
bons/**bonnes**	**meilleurs**/**meilleures** que	**les meilleurs** / **les meilleures**
gut	besser als	der/die/das beste, die besten

> ❗ Der Superlativ von **bon**/**bonne** ist unregelmäßig.

Nachstellung		Voranstellung
C'est <u>la robe</u> **la plus belle**.	→	C'est **la plus belle** <u>robe</u>.
C'est <u>le prof</u> **le plus jeune** de notre collège.	→	C'est **le plus jeune** <u>prof</u> de notre collège.

> Adjektive, die <u>vor</u> dem Nomen stehen (▶ p.10/3.2) können auch im Superlativ <u>vor</u> dem Nomen stehen.

C'est **le meilleur** acteur.   Ce sont **les meilleures** baskets.

> *Le*/*La meilleur*/*e* und **les meilleurs**/*-es* stehen immer vor dem Nomen.

4 Das Pronomen | Le pronom

4.1 Das Personalpronomen | Le pronom personnel

	verbundene Personalpronomen	unverbundene Personalpronomen	direkte Objekt-pronomen	indirekte Objektpronomen	Reflexiv-pronomen
Singular					
1. Person	je	moi	**me/m'**	**me/m'**	**me/m'**
2. Person	tu	toi	**te/t'**	**te/t'**	**te/t'**
3. Person	il/elle/on	lui/elle	le/la/l'	lui	se/s'
Plural					
1. Person	**nous**	**nous**	**nous**	**nous**	**nous**
2. Person	**vous**	**vous**	**vous**	**vous**	**vous**
3. Person	ils/elles	eux/elles	les	leur	se/s'

J'ai une nouvelle copine.
Elle m'écrit souvent des textos.
On va souvent au cinéma ensemble.

> Die verbundenen Personalpronomen stehen vor dem Verb und sind immer Subjekt des Satzes. Im gesprochenen Französisch wird **on** oft anstelle von **nous** verwendet.

Louise ne vient pas <u>avec</u> **nous**.
Sur la photo, <u>c'est</u> **moi**.
Lui, <u>il</u> s'appelle Romain.
– Qui fait le gâteau?   – **Moi**.

Sans toi, tout est triste.

> Die unverbundenen Personalpronomen verwendest du nach Präpositionen (z. B. **pour, avec, sans**), nach **c'est** und **ce sont**, vor einem verbundenen Personalpronomen zur Verstärkung und alleinstehend.

– Tu connais <u>Romain</u>?   – Non, je ne **le** connais pas.
– Mais tu connais <u>sa nouvelle copine</u>?   – Non, je ne **la** connais pas.

> Die direkten Objektpronomen ersetzen direkte Objekte (▶ p. 18/7.1).

– Tu as montré ces photos <u>à tes copines</u>?   – Non, je ne **leur** ai rien montré.
– Est-ce que tu as parlé <u>à Hannah</u>?   – Non, je ne **lui** ai pas parlé.

> Die indirekten Objektpronomen ersetzen indirekte Objekte (▶ p. 18/7.1).
> Zur Stellung der direkten und indirekten Objektpronomen im Satz: ▶ p. 18/7.2

Nous **nous** promenons et les enfants **s'**amusent.

> Die Reflexivpronomen stehen vor reflexiven Verben.

4.2   Das Relativpronomen | Le pronom relatif

Tu connais le garçon	**qui** habite à côté de Lisa?	… den Jungen, <u>der</u> …
Élisa, c'est ma copine	**qui** fait du handball.	… meine Freundin, <u>die</u> …
Tu vois les deux garçons	**qui** dansent?	… die zwei Jungen, <u>die</u> …
J'aime les cafés	**qui** sont au centre-ville.	… die Cafés, <u>die</u> …

> Das Relativpronomen *qui* ist unveränderlich. Es steht für maskuline und feminine Personen und Sachen im Singular und im Plural. *Qui* ist immer das Subjekt des Relativsatzes. Deshalb folgt auf *qui* ein Verb.

Bilal appelle le copain	**qu'**il veut inviter.	… den Freund, <u>den</u> …
C'est la chanson	**que** tu préfères?	… das Lied, <u>das</u> …
Voilà les journaux	**que** tu cherches.	… die Zeitungen, <u>die</u> …
Tu connais les filles	**que** Bilal invite?	… die Mädchen, <u>die</u> …

> Das Relativpronomen *que* ist unveränderlich. Es steht für maskuline und feminine Personen und Sachen im Singular und im Plural. *Que* ist immer das Objekt des Relativsatzes. Deshalb folgt auf *que* das Subjekt des Relativsatzes.

5 Das Verb | Le verbe

5.1 Die Verben *avoir* und *être* | Les verbes *avoir* et *être*

	être			avoir
je	suis		j'	ai
tu	es		tu	as
il/elle/on	est		il/elle/on	a
nous	sommes		nous	avons
vous	êtes		vous	avez
ils/elles	sont		ils/elles	ont
passé composé	j'ai été		passé composé	j'ai eu

5.2 Die regelmäßigen Verben auf *-er* | Les verbes réguliers en *-er*

	regarder
je	regarde
tu	regardes
il/elle/on	regarde
nous	regardons
vous	regardez
ils/elles	regardent
impératif	Regarde. Regardons. Regardez.
passé composé	j'ai regardé

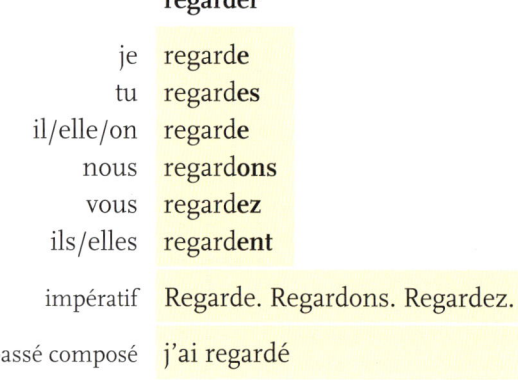 

Pourquoi **tu** me regard**es** comme ça?

Die meisten französischen Verben gehören zu den regelmäßigen Verben auf **-er**. Diese Verben werden alle gleich konjugiert.

envoyer: j'envo**i**e, tu envo**i**es, il/elle/on envo**i**e, nous envoyons, vous envoyez, ils/elles envo**i**ent — *ebenso:* essayer

acheter: j'ach**è**te, nous achetons, ils/elles ach**è**tent — *ebenso:* amener, harceler

préférer: je préf**è**re, nous préférons, ils/elles préf**è**rent — *ebenso:* exagérer, récupérer, répéter

appeler: j'appe**ll**e, nous appelons, ils/elles appe**ll**ent

manger: nous mang**e**ons — *ebenso:* nager, ranger, télécharger

commencer: nous commen**ç**ons — *ebenso:* dénoncer, menacer

! Einige Verben auf **-er** haben eine Besonderheit in der Schreibung.

5.3   Die regelmäßigen Verben auf *-re* | Les verbes réguliers en *-re*

	attendre	MERKE
j'	attends	-s
tu	attends	-s
il/elle/on	attend	—
nous	attendons	-ons
vous	attendez	-ez
ils/elles	attendent	-ent
impératif	Attends. Attendons. Attendez.	
passé composé	j'ai attendu	

ebenso: entendre, descendre, perdre, répondre, vendre

Je t'attends devant la piscine.

> Die regelmäßigen Verben auf **-re** haben nur im Singular andere Endungen als die Verben auf **-er**. Die Pluralformen haben die gleichen Endungen.

5.4   Die Verben auf *-ir* | Les verbes en *-ir*

	1. finir		**2. sortir**		**3. offrir**
je	finis	je	sors	j'	offre
tu	finis	tu	sors	tu	offres
il/elle/on	finit	il/elle/on	sort	il/elle/on	offre
nous	finissons	nous	sortons	nous	offrons
vous	finissez	vous	sortez	vous	offrez
ils/elles	finissent	ils/elles	sortent	ils/elles	offrent
impératif	Finis. Finissons. Finissez.	impératif	Sors. Sortons. Sortez.	impératif	Offre. Offrons. Offrez.
passé composé	j'ai fini	passé composé	je suis sorti/e	passé composé	j'ai offert

1. Die regelmäßigen Verben auf **-ir** haben die Endungen **-s, -s, -t, -ons, -ez, -ent**. In den Pluralformen wird an den Verbstamm **(fini-) -ss-** angehängt. Erst darauf folgen die Personalendungen **-ons, -ez, -ent**. Man nennt das eine Stammerweiterung. Die allermeisten Verben, die im Infinitiv auf **-ir** enden, werden wie **finir** konjugiert. Weitere Verben dieser Gruppe sind **agir, réagir, applaudir, réussir**.
2. Diese kleine Gruppe von Verben endet im Singular auf **-s, -s, -t**. In den Singularformen fällt der letzte Konsonant des Stamms weg, also das **-t**. Das nennt man eine Stammverkürzung. Ebenso: **partir** und **dormir**.
3. Zu dieser Gruppe gehören nur **offrir** und **ouvrir**. Ihr Infinitiv endet zwar auf **-ir**, sie werden im Präsens jedoch wie die Verben auf **-er** konjugiert. Das Partizip Perfekt endet auf **-ert**.

5.5   Die unregelmäßigen Verben | Les verbes irréguliers

	aller	connaître	devoir	dire	écrire
je/j'	vais	connais	dois	dis	écris
tu	vas	connais	dois	dis	écris
il/elle/on	va	connaît	doit	dit	écrit
nous	allons	connaissons	devons	disons	écrivons
vous	allez	connaissez	devez	dites	écrivez
ils/elles	vont	connaissent	doivent	disent	écrivent
impératif	Va.	Connais.	–	Dis.	Écris.
	Allons.	Connaissons.	–	Disons.	Écrivons.
	Allez.	Connaissez.	–	Dites.	Écrivez.
passé composé	je suis allé/e	j'ai connu	j'ai dû	j'ai dit	j'ai écrit
ebenso:		disparaître			

	faire	lire	mettre	pouvoir
je	fais	lis	mets	peux
tu	fais	lis	mets	peux
il/elle/on	fait	lit	met	peut
nous	faisons	lisons	mettons	pouvons
vous	faites	lisez	mettez	pouvez
ils/elles	font	lisent	mettent	peuvent
impératif	Fais.	Lis.	Mets.	–
	Faisons.	Lisons.	Mettons.	–
	Faites.	Lisez.	Mettez.	–
passé composé	j'ai fait	j'ai lu	j'ai mis	j'ai pu

	prendre	venir	voir	vouloir
je	prends	viens	vois	veux
tu	prends	viens	vois	veux
il/elle/on	prend	vient	voit	veut
nous	prenons	venons	voyons	voulons
vous	prenez	venez	voyez	voulez
ils/elles	prennent	viennent	voient	veulent
impératif	Prends.	Viens.	Vois.	–
	Prenons.	Venons.	Voyons.	–
	Prenez.	Venez.	Voyez.	–
passé composé	j'ai pris	je suis venu/e	j'ai vu	j'ai voulu
ebenso:	comprendre, apprendre	devenir, prévenir, tenir, se souvenir		

5.6 Das *futur composé* | Le futur composé

Form von **aller**	Infinitiv	
Je **vais**	**manger**	à la cantine.
Tu **vas**	**noter**	les idées?
Il/Elle **va**	**aller**	en Camargue.
Nous **allons**	**visiter**	le collège.
Vous **allez**	**faire**	une balade?
Ils/Elles **vont**	**passer**	une journée à Carcassonne.

> Mit dem *futur composé* drückst du aus, dass eine Handlung in der Zukunft liegt. Du bildest das *futur composé* mit einer Präsensform von **aller** und dem Infinitiv eines Verbs.

Je	ne vais	pas	aller au musée.
Elle	ne va	plus	manger à la cantine.
Ils	ne vont	rien	préparer pour la fête.
Lisa	ne va		rencontrer personne.

> In einem verneinten Satz im *futur composé* umschließt die Verneinung die Form von **aller**. Nur bei *ne … personne* ist das anders (▶ p. 19/7.3).

5.7 Das *passé composé* | Le passé composé

J'**ai regardé** un film.	Ich habe einen Film gesehen.
Tu **as mangé** à la cantine?	Hast du in der Kantine gegessen?
Bilal **a écouté** un CD.	Bilal hat eine CD gehört.
Théo **est allé** chez Lukas.	Théo ist zu Lukas gegangen.
Clara **est allée** chez Yasmine.	Clara ist zu Yasmine gegangen.
On **est rentrés/rentrées tard.**	Wir sind spät nach Hause gekommen.
Ils **sont allés** au cinéma ensemble.	Sie sind gemeinsam ins Kino gegangen.
Les filles **sont allées** au centre-ville.	Die Mädchen sind ins Stadtzentrum gegangen.

> Mit dem *passé composé* drückst du aus, dass etwas in der Vergangenheit geschehen ist. Das *passé composé* wird mit der Präsensform eines Hilfsverb (*avoir* oder *être*) und dem Partizip Perfekt eines Verbs gebildet. Die meisten französischen Verben bilden das *passé composé* mit dem Hilfsverb **avoir**. Wenn ein Verb das Hilfsverb **être** hat, musst du sein Partizip wie ein Adjektiv dem Subjekt angleichen. Das Partizip Perfekt der Verben findest du hier im Grammatikheft, S. 14–16 und in der Verbliste deines Französischbuches, S. 156–161.
>
> **MERKE** Diese Verben bilden das *passé composé* mit dem Hilfsverb **être**:
>
> | | | |
> | --- | --- | --- |
> | *aller* | *monter* | *retourner* |
> | *arriver* | *partir* | *sortir* |
> | *descendre* | *rentrer* | *tomber* |
> | *entrer* | *rester* | *venir* |

6   Die Präpositionen | Les prépositions

Die Präpositionen, die du in *À plus!*, **Band 1 und 2** kennen gelernt hast, findest du auf der vorderen Umschlaginnenseite. Einige Präpositionen haben mehrere Entsprechungen im Deutschen.
❗ Denke daran, dass die Präpositionen **à** und **de** mit den bestimmten Artikeln **le** und **les** zusammengezogen werden (▶ p. 8/1.2).

7   Der Satz | La phrase

7.1   Die Satzteile | Les parties de la phrase

Subjekt	Verb	Ergänzung	
Les corres	arrivent.		
Les corres	arrivent	**à huit heures.**	Zeitangabe
Les corres	arrivent	**à Strasbourg.**	Ortsangabe
Clara	aime	**la musique.**	direktes Objekt
Clara	téléphone	**à sa copine.**	indirektes Objekt
Clara	parle	**de ses vacances.**	indirektes Objekt

Sätze haben in der Regel ein Subjekt und ein Verb. Sätze können auch Ergänzungen haben. Es gibt unterschiedliche Arten von Ergänzungen: Zeitangaben, Ortsangaben, direkte und indirekte Objekte. Ein direktes Objekt wird direkt, d. h. ohne Präposition an das Verb angeschlossen. Ein indirektes Objekt wird mit einer Präposition (meistens **à** oder **de**) an das Verb angeschlossen.

7.2   Die Wortstellung im Satz | L'ordre des mots dans la phrase

	Subjekt	Objekt-pronomen	konjugiertes Verb	Partizip Perfekt / Infinitiv	Ergänzung
présent	Clara		regarde		le DVD.
	Clara	le	regarde.		
passé composé	Clara		a	regardé	le DVD.
	Clara	l'	a	regardé.	
futur composé	Clara		va	regarder	le DVD.
	Clara		va	le regarder.	
Modalverb	Clara		veut	regarder	le DVD.
	Clara		veut	le regarder.	

Die Stellung der Satzteile in einem französischen Aussagesatz ist festgelegt: Subjekt + Verb + Ergänzung. Ein Objektpronomen steht <u>vor dem konjugierten Verb</u>. Nur in einem Satz mit *futur composé* oder mit einem Modalverb steht das Objektpronomen <u>vor dem Infinitiv</u>.

7.3 Die Wortstellung im verneinten Satz | L'ordre des mots dans la phrase négative

	Subjekt	Objekt- pronomen	konjugiertes Verb		Partizip Perfekt / Infinitiv	Ergänzung
présent	Lukas	ne		regarde	pas		le DVD.
	Lukas	ne	le	regarde	pas.		
passé composé	Lukas	n'		a	pas	regardé	le DVD.
	Lukas	ne	l'	a	pas	regardé.	
futur composé	Lukas	ne		va	pas	regarder	le DVD.
	Lukas	ne		va	pas	le	regarder.
Modalverb	Lukas	ne		veut	pas	regarder	le DVD.
	Lukas	ne		veut	pas	le	regarder.

> Die Verneinungen **ne ... pas/plus/jamais/rien** umschließen das konjugierte Verb. Das gilt auch für Sätze mit **passé composé, futur composé** oder mit einem Modalverb. Das heißt: In einem Satz mit **passé composé** steht das Partizip hinter **pas/plus/jamais/rien**. In einem Satz mit **futur composé** oder einem Modalverb steht der Infinitiv hinter **pas/plus/jamais/rien**.

	Subjekt		konjugiertes Verb	Partizip Perfekt / Infinitiv	
présent	Théo	n'	invite		personne.
passé composé	Théo	n'	a	invité	personne.
futur composé	Théo	ne	va	inviter	personne.
Modalverb	Théo	ne	veut	inviter	personne.

> **!** Die Verneinung mit **ne ... personne** bildet eine Ausnahme: In einem Satz mit **passé composé** steht **personne** hinter dem Partizip, in einem Satz mit **futur composé** oder einem Modalverb steht **personne** hinter dem Infinitiv.

7.4 Der Nebensatz | La proposition subordonnée

			Subjekt	Verb	Ergänzung
🇫🇷	On va à la plage,	**quand**	il	fait	chaud.
	C'est l'endroit	**où**	elle	passe	ses vacances.

			Subjekt	Ergänzung	Verb
🇩🇪	Wir gehen an den Strand,	wenn	es	heiß	ist.
	Das ist der Ort,	wo	sie	ihre Ferien	verbringt.

> In einem französischen Nebensatz stehen die Wörter in der gleichen Reihenfolge wie in einem Hauptsatz: Subjekt – Verb – Ergänzung. Das ist im Deutschen anders.

8 Der Fragesatz | La phrase interrogative

8.1 Fragen ohne Fragewort | L'interrogation sans mot interrogatif

1. Noah mange à la cantine?   Intonationsfrage

2. **Est-ce que** Noah mange à la cantine?   Frage mit **est-ce que**

3. **Vas-tu** venir?   Inversionsfrage
   Mange-t-il à la cantine?

> **MERKE**   Intonationsfrage: Ein Aussagesatz, den du mit steigender Intonation sprichst.
> Frage mit **est-ce que**: Du stellst **est-ce que** vor den Aussagesatz.
> Inversionsfrage: Du stellst das Subjektpronomen hinter das Verb. Zwischen Verb
> und Subjekt steht ein Bindestrich. Endet das Verb in der 3. Person Singular auf
> einen Vokal, schiebst du zwischen Verb und Subjektpronomen ein **-t-** ein.

8.2 Fragen mit Fragewort | L'interrogation avec mot interrogatif

Est-ce que-Frage

Qu'	est-ce que	tu fais?	Was …?
Quand	est-ce que	les corres arrivent?	Wann …?
Où	est-ce que	tu habites?	Wo …?
Pourquoi	est-ce que	Noah aime les lundis?	Warum …?
Comment	est-ce qu'	on dit «lapin» en allemand?	Wie …?
À qui	est-ce que	tu penses?	An wen …?
De qui	est-ce qu'	il parle?	Von wem …?
À quoi	est-ce que	tu penses?	Woran …? / An was …?
De quoi	est-ce qu'	elle parle?	Wovon …?

> In Fragen mit Fragewort stellst du das Fragewort vor **est-ce que**.

Inversionsfrage

Quand arrivent-ils?   **À qui** penses-tu?
Comment va-t-elle?   **De quoi** parle-t-elle?

> In der Inversionsfrage stellst du das Fragewort an den Anfang der Frage, vor das Verb.

Fragen mit *où?* und *qui?*

Où est le CD de ZAZ?   Wo ist …?   **Qui** regarde la télé?   Wer …?
Où sont les biscuits?   Wo sind …?   **Qui** écoute un CD?   Wer …?

> Fragen mit **Où est …?** („Wo ist …?"), **Où sont …?** („Wo sind …?") und Fragen mit **Qui …?**
> („Wer …?") stellst du ohne **est-ce que**.

Frage mit nachgestelltem Fragewort

Tu t'appelles **comment?**   Il est **quelle heure?**
Tu as **quel âge?**   Ça coûte **combien?**

> Im gesprochenen Französisch hörst du oft Fragen, in denen das Fragewort am Ende der Frage
> steht.

9   Die indirekte Rede/Frage | Le discours indirect / L'interrogation indirecte

direkte Rede   indirekte Rede
Mathieu: «La tarte au riz est très bonne.»   Mathieu **dit que** la tarte au riz est très bonne.

> Um wiederzugeben, was eine andere Person gesagt hat, verwendest du die indirekte Rede.
> Die indirekte Rede leitest du mit einem Verb der Redeeinleitung (z. B. **dire, répondre,**
> **raconter**) und der Konjunktion **que** („dass") ein. Die Konjunktion **que** kann im Französischen
> nicht weggelassen werden. Das ist im Deutschen anders.

direkte Frage   indirekte Frage
Nicolas:
«Est-ce qu'il y a encore des sardines?»   Nicolas **demande s'**il y a encore des sardines.
Mehdi:
«Est-ce que les Belges parlent allemand?»   Mehdi **veut savoir si** les Belges parlent allemand.

> Die indirekte Frage leitest du mit dem Verb **demander** oder **vouloir savoir** und der Konjunk-
> tion **si** ein: **il demande si, elle veut savoir si**. In einer indirekten Frage steht nie **est-ce que**.

direkte Rede/Frage   indirekte Rede/Frage
Paul: «Je cherche mon plan.»   → Paul dit   qu'il cherche son plan.
Paul: „Ich suche meinen Plan." → Paul sagt,   dass er seinen Plan sucht.

Nicolas: «Vous m'attendez?»   → Nicolas demande si on l'attend.
Nicolas: „Wartet ihr auf mich?"   → Nicolas fragt, ob wir auf ihn warten.

> Bei der Umwandlung von der direkten in die indirekte Rede/Frage musst du auch die
> Pronomen, Verbformen und Begleiter der veränderten Situation anpassen.

10 On y va?

U1 V1, p.10

Das Pronomen *y* | Le pronom *y*

– Tu es déjà allé à Paris?
– Qui habite sur l'île Saint-Louis?
– On va manger une glace chez Berthillon?
– Jacob va au Louvre, dimanche?
– Qu'est-ce qu'on peut voir devant la cathédrale?
– Tu vas aller dans le parc, cet après-midi?

– J'y suis allé deux fois.
– Des gens célèbres y habitent.
– Ah oui, on y va.
– Non, il n'y va pas.
– On peut y voir le kilomètre zéro.
– Non, je ne vais pas y aller.

> Das Pronomen **y** ersetzt Ortsangaben, die mit **à, chez, dans, devant, derrière, sur, sous** u.a. eingeleitet werden. Nur Ortsangaben, die mit **de** eingeleitet werden, kannst du nicht mit **y** ersetzen. Du kannst **y** mit „dort", „dorthin", „da", „dahin" übersetzen. Häufig übersetzt du das Pronomen gar nicht ins Deutsche. **Y** steht im Satz vor dem konjugierten Verb. Nur im ***futur composé*** und in Sätzen mit Modalverben ***(pouvoir, vouloir, devoir)*** steht **y** vor dem Infinitiv.

On y va ensemble?!

Hast du das verstanden?

▶ <u>Webcode</u>: APLUS-3-GH

Setze das fehlende **y** an die richtige Stelle in den Antwortsätzen.

1. – Tu vas avec nous à la piscine?   – Non, je/j' ? vais ? avec Lili.
2. – Tu veux aller au cirque, samedi?   – Non, je ne/n' ? veux pas ? aller.
3. – Est-ce que tu es allé chez Berthillon?   – Oui, je/j' ? suis ? allé avec Mia.
4. – Tu veux aller avec moi sur l'île Saint-Louis?   – Oui, on ? peut ? aller ensemble.

11 Le Louvre était un palais royal.

U1 V1, p.10

Das *imparfait* | L'imparfait

Sur le pont Neuf, il y **avait** des boutiques et les artistes **faisaient** des numéros.

> Wenn du bisher über Vergangenes gesprochen hast, hast du das ***passé composé*** verwendet. Wie im Deutschen und im Englischen gibt es auch im Französischen mehrere Zeitformen der Vergangenheit. Hier lernst du das ***imparfait*** kennen, mit dem du ebenfalls über Vergangenes sprechen kannst. Im Unterschied zum ***passé composé***, das mit einem Hilfsverb und einem Partizip Perfekt gebildet wird (▶ p.17/5.7), besteht das ***imparfait*** nur aus <u>einer</u> Verbform.

11.1 Je parlais, tu finissais …

1 V1, p.10

Die Bildung des *imparfait* | La formation de l'imparfait

	parler				finir	
	je	parl	**ais**		je	finiss	**ais**
	tu	parl	**ais**		tu	finiss	**ais**
nous parl~~ons~~ →	il/elle/on	parl	**ait**	nous finiss~~ons~~ →	il/elle/on	finiss	**ait**
	nous	parl	**ions**		nous	finiss	**ions**
	vous	parl	**iez**		vous	finiss	**iez**
	ils/elles	parl	**aient**		ils/elles	finiss	**aient**

Das **imparfait** wird aus dem Stamm der 1. Person Plural Präsens (**nous**-Form) gebildet. An diesen Stamm hängst du die jeweilige Personalendung an.

MERKE *imparfait*-Endungen: **-ais, -ais, -ait, -ions, -iez, -aient**

	être
j'	**étais**
tu	**étais**
il/elle/on	**était**
nous	**étions**
vous	**étiez**
ils/elles	**étaient**

Quand j'étais petit …

! Die einzige Ausnahme bildet das Verb **être**. Der Stamm des **imparfait** ist **ét-**. An diesen Stamm hängst du die **imparfait**-Endungen an.

commencer:	nous commen**ç**ons	→ je commen**ç**ais	prendre:	nous pre**n**ons	→ je pre**n**ais
connaître:	nous connai**ss**ons	→ je connai**ss**ais	voir:	nous vo**y**ons	→ je vo**y**ais
dire:	nous di**s**ons	→ je di**s**ais			
écrire:	nous écri**v**ons	→ j'écri**v**ais			
faire:	nous fai**s**ons	→ je fai**s**ais			
lire:	nous li**s**ons	→ je li**s**ais			
manger:	nous mang**e**ons	→ je mang**e**ais			

Einige Verben haben eine Besonderheit in der 1. Person Plural Präsens. An diese Besonderheiten musst du denken, wenn du die **imparfait**-Form dieser Verben bildest.

Hast du das verstanden? ▶ **Webcode**: APLUS-3-GH

Bilde die passende Form des **imparfait**.

ɪ. je *(regarder)*　2. il *(manger)*　3. nous *(prendre)*　4. tu *(agir)*　5. vous *(descendre)*
6. ils *(lire)*　7. elle *(connaître)*　8. elles *(faire)*　9. je *(être)*　ɪo. nous *(dormir)*　ɪɪ. il *(avoir)*

11.2 Autrefois, le Louvre n'était pas un musée.

U1 V1, p.10

Der Gebrauch des *imparfait* | **L'emploi de l'imparfait**

Autrefois, sur le pont Neuf, il y **avait** des boutiques.	Früher gab es Geschäfte auf dem *Pont Neuf*.
Des marchands y **vendaient** des fruits et des bonbons.	Händler verkauften dort Obst und Bonbons.
Des artistes **faisaient** des numéros sur le pont.	Artisten führten Kunststücke auf der Brücke vor.
Souvent, les Parisiens y **allaient** le dimanche.	Die Pariser gingen sonntags oft dorthin.

> Das *imparfait* verwendest du, wenn du berichtest, wie es früher war, oder wenn du von Handlungen berichtest, die in der Vergangenheit regelmäßig stattgefunden haben (Gewohnheiten).

Il **faisait** très froid.	Es war sehr kalt.
J'**étais** content.	Ich war zufrieden.
Monsieur Eiffel **était** très fier de sa tour.	*Monsieur Eiffel* war sehr stolz auf seinen Turm.
Le travail **était** dur.	Die Arbeit war hart.
À 200 mètres, la vue **était** incroyable.	Auf 200 m Höhe war die Sicht fantastisch.
C'**était** terrible!	Das war schrecklich!

> Außerdem verwendest du das *imparfait* für Zustandsbeschreibungen (z. B. das Wetter), Beschreibungen von Situationen (**Le travail était dur.**) oder wenn du etwas kommentierst (**C'était terrible!**).

> Nach den folgenden Signalwörtern ist häufig das *imparfait* zu erwarten:

autrefois	früher
avant	vorher
souvent	oft
d'habitude	normalerweise
toujours	immer
chaque jour/matin/soir/semaine	jeden Tag/Morgen/Abend / jede Woche
tous les jours/matins/soirs	jeden Tag/Morgen/Abend
le lundi / le mardi / ___	montags/dienstags/___

12 Il a installé une cantine. C'était formidable.

U1 V3, p.18

Imparfait und *passé composé* | **L'imparfait et le passé composé**

> Wenn du von Ereignissen und Handlungen berichtest, die in der Vergangenheit stattgefunden haben, verwendest du *imparfait* und *passé composé*.
> Jede Zeitform hat dabei ihre bestimmte Aufgabe.

1. Mercier **a perdu** l'équilibre et il **a lâché** une pièce métallique. Chanat **a crié**.

   ▲   ▲   ▲

Mehrere Handlungen folgten aufeinander. Die eine begann, als die vorhergehende schon abgeschlossen war (Handlungskette). Diese aufeinanderfolgenden Handlungen und Ereignisse schilderst du im *passé composé*.

2. Les ouvriers **travaillaient** sur la tour Eiffel et, tous les jours,

   beaucoup de gens **venaient** sur le Champ-de-Mars pour les regarder.

Handlungen, die in der Vergangenheit gleichzeitig verliefen, schilderst du im *imparfait*.

MERKE

Gleichzeitigkeit → *imparfait*:
Adrien **mangeait**, **écoutait** de la musique et **faisait** ses devoirs.

Handlungskette → *passé composé*:
Hier, Adrien **a mangé**, puis il **a fait** ses devoirs. Après, il **a écouté** de la musique.

3. J'**étais** sur la tour Eiffel et je **prenais** des photos, quand mon sac **est tombé**.

Eine Handlung setzte neu ein, während eine andere schon verlief. Zur Schilderung der schon verlaufenden Handlung verwendest du das *imparfait*, für die neu einsetzende Handlung das *passé composé*.

In einem Text, der Vergangenes erzählt, wechseln sich *imparfait* und *passé composé* ab:

Hintergrund: Beschreibung	**Vordergrund: Handlung**
(Zustand, bestehende Situation, Kommentar)	(Ereignis, Aktion)
imparfait	passé composé

Après, nous **avons commencé** la construction du deuxième étage.

L'ambiance n'**était** pas toujours très bonne.
Notre chef **était** pénible:
il nous **suivait** partout. → Une fois, Mercier **a perdu** l'équilibre à cause du vent. Il **a lâché** une pièce métallique pour ne pas tomber.
Nous **avons eu** peur.

Chanat, qui nous **observait** tout le temps, → **a crié**: «Fais attention, idiot!»

Mercier **était** furieux. → Il **a pris** ses affaires et il **est parti**.

Das *imparfait* gibt die Hintergrundinformationen. Es beschreibt eine Situation oder einen Zustand, die auch schon vor der eigentlichen Handlung bestanden. Mit dem *imparfait* antwortest du auf die Fragen: „Was war schon?", „Wie war es?"

Mit dem *passé composé* schilderst du die eigentliche Handlung (den Vordergrund) der Erzählung. Das können neu einsetzende Handlungen oder Handlungsketten sein. Mit dem *passé composé* antwortest du auf die Fragen: „Was ist passiert?", „Was geschah dann?"

Nach den folgenden Signalwörtern ist häufig das *passé composé* zu erwarten:

tout à coup	plötzlich
d'abord	zuerst
ensuite	danach, anschließend
après	danach
puis	dann
à huit heures	um acht Uhr
un jour	eines Tages
une fois, mardi dernier	einmal, am letzten Dienstag
une heure après	eine Stunde später

Hast du das verstanden? ▶ Webcode: APLUS-3-GH

Passé composé oder *imparfait*? Ergänze mit der passenden Zeitform des Verbs in Klammern.
1. Le mardi, je/j' *(jouer)* toujours au foot. Mais mardi dernier, je/j' *(aller)* au cinéma avec mes copains.
2. Autrefois, sur les ponts de Paris, il y *(avoir)* des boutiques.
3. Lundi, Léa *(rentrer)* de l'école à quatre heures. D'abord, elle *(manger)* quelque chose, après, elle *(faire)* ses devoirs et ensuite elle *(chatter)* avec ses copines.

13 Je cours, tu suis, il construit ...

1 V2, p. 14
V3, p. 18

Die unregelmäßigen Verben *courir*, *suivre* und *construire* |
Les verbes irréguliers *courir*, *suivre* et *construire*

courir			suivre		
je	cours		je	suis	
tu	cours		tu	suis	
il/elle/on	court		il/elle/on	suit	
nous	courons		nous	suivons	
vous	courez		vous	suivez	
ils/elles	courent		ils/elles	suivent	
impératif	Cours. Courons. Courez.		impératif	Suis. Suivons. Suivez.	
imparfait	je courais		imparfait	je suivais	
passé composé	j'ai couru		passé composé	j'ai suivi	

> **!** Das ***passé composé*** von ***courir*** wird mit dem Hilfsverb ***avoir*** gebildet. Im Deutschen ist das anders („Ich <u>bin</u> gerannt.").
>
> Das Verb ***suivre*** verliert im Präsens den Stammvokal **-v-**.
> **!** ***je suis***   – ich bin   (1. Person Singular Präsens von ***être***)
>   ***je suis qn*** – ich folge jdm   (1. Person Singular Präsens von ***suivre***)

construire		
je	construis	
tu	construis	
il/elle/on	construit	
nous	construisons	
vous	construisez	
ils/elles	construisent	
impératif	Construis. Construisons. Construisez.	
imparfait	je construisais	
passé composé	j'ai construit	

Qui a construit cette tour?

> Das Verb ***construire*** hat einen unregelmäßigen Plural: Vor den Endungen wird ein **-s-** eingeschoben. Das kennst du schon von den Verben ***lire*** und ***dire*** (▶ p. 16/5.5).

Hast du das verstanden?   ▶ **Webcode**: APLUS-3-GH
Bilde die passende Form des Verbs in Klammern: Präsens (**a**), *imparfait* (**b**), ***passé compose*** (**c**).
a 1. je *(courir)*   2. tu *(suivre)*   3. nous *(construire)*   4. ils *(suivre)*   5. elle *(courir)*
b 1. je *(construire)*   2. tu *(suivre)*   3. il *(courir)*   4. vous *(construire)*   5. je *(suivre)*
c 1. je *(courir)*   2. nous *(suivre)*   3. elles *(construire)*   4. il *(courir)*   5. on *(suivre)*

1 Fais le point

Hier kannst du überprüfen, was du in der *Unité* 1 gelernt hast. Diese Aufgaben kannst du unter **www.cornelsen.de/webcodes** APLUS-3-GH-28 herunterladen und ausfüllen.

1 Ersetze, wo es möglich ist, die Ortsangaben in den folgenden Sätzen mit *y*.

1. Lucien habite encore en France.
2. On a fait une belle promenade sur l'île Saint-Louis.
3. Nous avons aussi visité la cathédrale Notre-Dame.
4. Nous allons retrouver nos copains de Lyon devant les Galeries Lafayette.
5. Nous sommes sortis du Louvre vers 17 heures.
6. Cet été, je ne vais pas à Montpellier.
7. Ici, tu peux traverser le fleuve.

2 Bilde die passende Form des Verbs im *imparfait*.

1. je *(acheter)*
2. tu *(apprendre)*
3. elle *(finir)*
4. nous *(dire)*
5. vous *(voir)*
6. ils *(sortir)*
7. elles *(manger)*
8. je *(écrire)*
9. il *(commencer)*
10. elle *(appeler)*
11. nous *(attendre)*
12. ils *(avoir)*
13. je *(devoir)*
14. tu *(comprendre)*
15. vous *(être)*

3 Übersetze.

1. Als ich klein war, wohnte ich in Düsseldorf. Die Wochenenden verbrachte ich bei meinen Großeltern in Duisburg. Mein Großvater ging oft mit mir ins Schwimmbad. Mit meiner Großmutter bin ich immer in den Zirkus gegangen.

2. Früher war Paris kleiner. Der Louvre war ein Königspalast und auf den Brücken gab es Läden, wo man einkaufen konnte. Die Leute badeten in der Seine.

4 *Passé composé* **oder** *imparfait*? Ergänze mit der passenden Zeitform des Verbs in Klammern. Wähle, wo nötig, die passende Form des Personalpronomens aus.

Simon raconte sa journée d'hier à son frère:
«Hier, je/j' *(passer)* tout l'après-midi à la bibliothèque pour préparer mon exposé[1] sur Paris au Moyen-Âge. Il *(être)* déjà sept heures moins le quart, quand je/j' *(sortir)* de la bibliothèque. J' *(être)* fatigué, il *(faire)* froid et je/j' *(vouloir)* vite rentrer à la maison. Je/J' *(prendre)* mon portable et je/j' *(lire)* mes textos. Il y *(avoir)* un message de Damien: Il *(vouloir)* aller au ciné avec Félix et moi. Je lui *(répondre)*. Puis je/j' *(rentrer)*, je/j' *(manger)* une pizza et après, je/j' *(continuer)* le travail pour mon exposé. Je/J' *(aller)* au lit à dix heures.»

1 l'exposé *m.* das Referat

14 Ma copine a réagi autrement.

Die Adverbien auf *-ment* | Les adverbes en *-ment*

2 V1, p. 32
V2, p. 35

J'ai **rapidement** pris mes distances.   (← rapide)
On peut parler **sérieusement**.   (← sérieux/sérieuse)

facile	→ facile**ment**
normal/e	→ normale**ment**
heureux/heureuse	→ heureuse**ment**

> Du kennst schon Adverbien wie ***beaucoup, aussi, très, trop, vite***.
> Adverbien kannst du aber auch von Adjektiven ableiten. Dazu hängst du an die feminine
> Form des Adjektivs die Endung ***-ment*** an. Beachte dabei die besonderen femininen Formen
> einiger Adjektive.
> ❗ Adverbien sind unveränderlich.
>
> **MERKE**   Feminine Form des Adjektivs + ***-ment*** = Adverb

bon/bonne	→ bien		vrai/vraie	→ vraiment
mauvais/mauvaise	→ mal			

> ❗ Einige Adverbien sind unregelmäßig.

ouvert	= offen		ouvertement	= offen
dangereux	= gefährlich		dangereuseuement	= gefährlich
seul	= allein	❗	seulement	= nur
juste	= richtig	❗	justement	= eben, genau

> Im Französischen haben Adjektiv und Adverb zwei verschiedene Formen
> (***z. B. dangereux – dangereusement***). Im Deutschen haben sie fast immer die gleiche Form.
> ❗ Manchmal haben ein Adjektiv und das von ihm abgeleitete Adverb aber unterschiedliche
> Bedeutungen.

🇧🇪🇩🇪 Ils <u>parlent</u> **ouvertement** de leurs problèmes.   Sie sprechen **offen** über ihre Probleme.

Heureusement, <u>ma copine me comprend</u>.   **Glücklicherweise** versteht meine Freundin
mich.

> Wie im Deutschen auch können sich Adverben im Französischen auf Verben oder ganze
> Sachverhalte beziehen. Ein Adverb steht meistens an der gleichen Stelle im französischen
> Satz wie im deutschen Satz.

moderne   →~~modernement~~

> ❗ Nicht von jedem Adjektiv lässt sich ein Adverb ableiten. Um sicher zu gehen, ob es ein von
> dir gebildetes Adverb wirklich gibt, schlage es im Wörterbuch nach.

15 Je ne voulais pas la décevoir.

U2 V1, p. 32

Das unregelmäßige Verb *décevoir* | **Le verbe irrégulier** *décevoir*

je	dé**ç**ois
tu	dé**ç**ois
il/elle/on	dé**ç**oit
nous	décevons
vous	décevez
ils/elles	dé**ç**oivent
impératif	Dé**ç**ois. Décevons. Décevez.
imparfait	je décevais
passé composé	j'ai dé**ç**u

> Il ne m'a jamais déçu!

In den Singularformen und in der 3. Person Plural verliert das unregelmäßige Verb **décevoir** das **-ev-** des Stamms. Außerdem wird das **-c-** vor **-o-** und **-u-** zu **-ç-**.

Hast du das verstanden?   ▶ **Webcode**: APLUS-3-GH

Bilde die passende Form von **décevoir**.

1. je *(passé composé)*   2. nous *(imparfait)*   3. ils *(présent)*   4. elle *(passé composé)*
5. tu *(présent)*   6. vous *(présent)*   7. il *(imparfait)*

16 Le film est génial.

U2 V2, p. 35
V3, p. 38

Die Adjektive auf *-al* | **Les adjectifs en** *-al*

	maskulin	feminin
Singular	un film **original**	une scène **originale**
Plural	des films **originaux**	des scènes **originales**

Die meisten Adjektive, die auf **-al** enden, haben eine maskuline Pluralform auf **-aux**. Die feminine Pluralform wird regelmäßig gebildet.
Zu dieser Gruppe von Adjektiven gehören auch **normal, génial, royal** und **principal**.

Hast du das verstanden?   ▶ **Webcode**: APLUS-3-GH

Ergänze mit der richtigen Form des Adjektivs in Klammern.

1. Cet été, j'ai vu un film ? *(génial)*. Dans ce film, on ne montre pas la vie ? *(normal)*.
2. J'ai passé quatre jours ? *(génial)* à Paris. J'ai visité le palais ? *(royal)*. Et j'ai acheté des petits cadeaux ? *(original)* pour mes copains.

17 C'est un film dans lequel on rit du début à la fin.

V2, p. 35

Das Relativpronomen *lequel* | Le pronom relatif *lequel*

Le livre **avec** lequel j'apprends le français s'appelle **À plus!** ..., mit dem ...

Les amis **pour** lesquels j'ai fait cette vidéo habitent à Noirmoutier. ..., für die ...

Éléonore, c'est la femme **à** laquelle Philippe écrit souvent des lettres. ..., an die ...

Voilà mes copines **sans** lesquelles je ne peux pas vivre. ..., ohne die ...

> Das Relativpronomen **lequel** verwendest du nach Präpositionen. **Lequel** ist veränderlich und wird in Genus und Numerus dem Wort angeglichen, auf das es sich bezieht. Das Bezugswort kann eine Sache oder eine Person sein. **Lequel** wird aus einem bestimmten Artikel **(le, la, les)** und einer Form des Fragebegleiters **quel** (▶ p. 7/1) zusammengesetzt.
>
> **MERKE** | *lequel* | *laquelle*
> | *lesquels* | *lesquelles*

> Ce sont les baskets sans lesquelles je ne pars pas en vacances!

Hast du das verstanden? ▶ Webcode: APLUS-3-GH

Ergänze mit der richtigen Form des Relativpronomens **lequel**.

1. Qui sont les garçons avec ? Simon est sorti ce soir?
2. J'ai beaucoup de projets pour les vacances pendant ? nous restons à Munich.
3. Tu connais la petite librairie dans ? j'achète tous mes livres?
4. C'est un match pour ? on s'est beaucoup entraîné.

18 Il n'arrête pas de rire.

2 V2, p. 35
   V3, p. 38

Die Infinitivergänzung der Verben | Le complément avec l'infinitif

			Infinitiv	
Lola	n' **aime** pas		faire	ses devoirs le soir.
Ils	**apprennent**	à	vivre	ensemble.
Aïsha	**rêve**	d'	aller	à Marrakech avec moi.

> Im Französischen wie in anderen Sprachen auch kannst du an konjugierte Verben andere Verben im Infinitiv anschließen.

		Infinitiv	
Philippe	**ose**	engager	Driss.
Philippe	**aime**	écouter	de la musique classique.
	Il faut	faire	les devoirs.

> Es gibt Verben und Ausdrücke, an die du den Infinitiv <u>direkt</u>, das heißt <u>ohne eine Präposition</u>, anschließt.

		Infinitiv	
Il **a aidé** Philippe	**à**	rencontrer	Éléonore.
Il **passe son temps**	**à**	lire.	

> Es gibt Verben und Ausdrücke, an die du den Infinitiv mit der Präposition **à** anschließt.

		Infinitiv	
Philippe **rêve**	**de**	rencontrer	Éléonore.
Philippe **arrête**	**de**	téléphoner	à Éléonore.

> Und es gibt Verben und Ausdrücke, an die du den Infinitiv mit der Präposition **de** anschließt.

> **MERKE**   Mögliche Infinitivanschlüsse:
>
> $$\text{Verb} + \begin{vmatrix} / \\ à \\ de \end{vmatrix} + \text{Infinitiv}$$
>
> ▶ p. 47 / Auf einen Blick

> Am besten legst du dir Listen an und lernst sie auswendig.

Verb + Inf.	Verb + à + Inf.	Verb + de + Inf.
aimer	réussir à	rêver de
détester	…	…
…		

Hast du das verstanden?   ▶ <u>Webcode</u>: APLUS-3-GH

Ergänze, wo nötig, mit der richtigen Präposition.

1. J'ai rêvé ? aller en France pour une année.   2. Son copain a commencé ? faire du piano.   3. Ils ont appris ? travailler ensemble.   4. Sophie et Louna n'aiment pas ? faire du sport.   5. Ma sœur adore ? danser.   6. Ils passent leur temps ? chatter.

19 Le film me plaît beaucoup, tu sais.

2 V2, p. 35
V3, p. 38

Die unregelmäßigen Verben *plaire, savoir, vivre* und *rire* |
Les verbes irréguliers *plaire, savoir, vivre* et *rire*

	plaire		**savoir**
je	plais	je	sais
tu	plais	tu	sais
il/elle/on	plaît	il/elle/on	sait
nous	plaisons	nous	savons
vous	plaisez	vous	savez
ils/elles	plaisent	ils/elles	savent
impératif	Plais. Plaisons. Plaisez.	impératif	Sache. Sachons. Sachez.
imparfait	je plaisais	imparfait	je savais
passé composé	j'ai plu	passé composé	j'ai su

> Das Verb **plaire** hat einen unregelmäßigen Plural: Vor den Endungen wird ein **-s-** eingeschoben. Das kennst du schon von den Verben **lire** und **dire** (▶ p. 16/5.5). Denke außerdem an den **accent circonflexe (-î-)** in der 3. Person Singular Präsens. Das kennst du schon von **s'il vous plaît** und **s'il te plaît**. Das Verb **savoir** hat in den drei Singularformen den Stamm **sai-** anstelle von **sav-**. Die Pluralformen von **savoir** sind regelmäßig.

	vivre		**rire**
je	vis	je	ris
tu	vis	tu	ris
il/elle/on	vit	il/elle/on	rit
nous	vivons	nous	rions
vous	vivez	vous	riez
ils/elles	vivent	ils/elles	rient
impératif	Vis. Vivons. Vivez.	impératif	Ris. Rions. Riez.
imparfait	je vivais	imparfait	je riais, nous riions
passé composé	j'ai vécu	passé composé	j'ai ri

> In den Singularformen des Verbs **vivre** fällt das **-v-** des Stamms weg. Die Pluralformen sind regelmäßig. Bei **rire** ist nur das Partizip Perfekt unregelmäßig.

Hast du das verstanden?   ▶ Webcode: APLUS-3-GH

Bilde die richtige Form des Verbs im **présent** (a), im **imparfait** (b), im **passé composé** (c).

a 1. je *(plaire)*   2. tu *(savoir)*   3. nous *(savoir)*   4. ils *(vivre)*   5. elle *(plaire)*   6. on *(rire)*

b 1. je *(vivre)*   2. tu *(savoir)*   3. il *(rire)*   4. vous *(plaire)*   5. je *(rire)*   6. il *(plaire)*

c 1. je *(savoir)*   2. nous *(vivre)*   3. elles *(plaire)*   4. il *(rire)*   5. on *(vivre)*   6. tu *(savoir)*

20 **Je lis ce qui me plaît. Elle ne sait pas ce qu'elle doit faire.**

U2 V3, p. 38

Die Relativsätze mit *ce qui* und *ce que* | Les propositions relatives avec *ce qui* et *ce que*

Voilà les filles **qui** ont tourné le film.	… die Mädchen, <u>die</u> den Film gedreht haben.
C'est un film **que** j'aime beaucoup.	… ein Film, <u>den</u> ich sehr mag.

> Du kennst schon die Relativsätze mit **qui** und **que** (▶ p. 13/4.2). **Qui** und **que** beziehen sich immer auf Personen und Sachen.

Elle aime tout **ce qui** est drôle.	…, <u>was</u> lustig ist.
Je ne sais pas **ce qui** l'intéresse.	…, <u>was</u> ihn interessiert.
Dites **ce qui** vous a plu.	…, <u>was</u> euch gefallen hat.

> Hier lernst du die Relativsätze mit **ce qui** und **ce que** kennen. **Ce qui** und **ce que** werden beide mit „was" übersetzt und beziehen sich nie auf Personen oder Sachen. Sie haben kein Bezugs-wort im Hauptsatz. **Ce qui** ist immer Subjekt des Relativsatzes. Auf **ce qui** folgt ein Verb.

Dites **ce que** vous aimez lire.	…, <u>was</u> ihr gerne lest.
Explique **ce que** tu as aimé.	…, <u>was</u> dir gefallen hat.
Elle ne sait pas **ce qu'**elle doit faire.	…, <u>was</u> sie tun soll.

> Auch **ce que** wird mit „was" ins Deutsche übersetzt. **Ce que** ist immer das direkte Objekt des Relativsatzes. Auf **ce que** folgt das Subjekt des Relativsatzes. Vor Vokal wird **ce que** zu **ce qu'** verkürzt.

> **MERKE**   **ce qui** + (Objektpronomen)   + Verb
> **ce que** + Subjekt des Relativsatzes + Verb

Скажите, пожалуйста, где …

Je ne comprends pas ce que vous dites.

Qu'est-ce qu'il a fait hier?	<u>Was</u> hat er gestern gemacht?
J'ai oublié **ce qu'**il a fait hier.	Ich habe vergessen, <u>was</u> er gestern gemacht hat.

> ❗ Verwechsle nicht das Fragewort **qu'est-ce que?** mit **ce que**. Beide werden mit „was" ins Deutsche übersetzt.

Hast du das verstanden?   ▶ Webcode: APLUS-3-GH

Ce qui oder *ce que*? Ergänze die Sätze.

1. Ma meilleure copine sait ❓ me plaît.   2. Est-ce que tu as compris ❓ il a dit?   3. Je n'ai pas compris ❓ il faut faire.   4. ❓ m'a plu dans ce film, c'est l'ambiance.   5. ❓ me dérange, c'est que le film n'est pas réaliste.   6. Décrivez ❓ vous avez aimé dans le livre.

Hier kannst du überprüfen, was du in der *Unité* 2 gelernt hast. Diese Aufgaben kannst du unter www.cornelsen.de/webcodes APLUS-3-GH-35 herunterladen und ausfüllen.

1   Setze die Adverbien in Klammern an die passende Stelle im Satz.

1. *(normalement)* Je ne lis pas de romans policiers.   2. *(tranquillement)* Lise termine ses devoirs.   3. *(ouvertement)* Ils ont parlé de leurs projets.   4. *(malheureusement)* Le train est arrivé en retard.   5. *(sérieusement)* Mon frère travaille pour l'école.   6. *(rapidement)* Ma copine a compris mon problème.

2   Ergänze die Sätze mit den Angaben in Klammern. Verwende dabei eine Präposition und die richtige Form von *lequel*.

1. Ce sont mes copains *(mit denen ich Musik mache)*.
2. «Intouchables» est un film *(in dem man vom Anfang bis zum Ende lacht)*.
3. C'est la chanson *(ohne das ich morgens nicht aufstehen kann)*.
4. Il est devenu un copain *(auf den ich immer zählen kann)*.

3   *À, de* oder keine Präposition? Ergänze die Sätze.

1. Léa déteste ? prendre le bus pour aller à l'école. Elle préfère ? prendre son vélo.
2. Louis est trop timide. Il n'ose pas ? parler aux filles parce qu'il a peur de leurs réactions.
3. En septembre, Gabriel et Enzo ont commencé ? faire du foot dans un club.
4. Manon et Ida passent leur temps ? faire des projets. Elles rêvent ? faire un grand voyage.
5. Il faut ? terminer le travail aujourd'hui.
6. Arrête ? m'énerver!

4   Ergänze mit den passenden Formen von *décevoir* (a), *plaire* (b), *savoir* (c), *vivre* (d) und *rire* (e).

a   1. Parfois, nous ? nos profs.   2. Elle ? *(passé composé)* sa copine.

b   1. Ça vous ? *(passé composé)*?   2. Regarde ces baskets. Elles te ? ?   3. Le film me ? beaucoup.

c   1. Il ne ? pas parler français.   2. Vous ? à quelle heure le film commence?

d   1. Driss ? en banlieue. Philippe et sa fille ? à Paris.   2. Erik a ? en France pendant 20 ans.

e   1. J'ai bien ? .   2. Il n'y a pas beaucoup de films dans lesquels on ? comme ça.
3. Pourquoi est-ce que vous ? comme ça?   4. Avec eux, on ? *(imparfait)* tout le temps.

5   Ergänze die Sätze mit den Angaben in Klammern. Verwende dabei *ce qui* oder *ce que*.

1. Est-ce que tu sais *(was ihm gefällt)*?   2. J'ai oublié *(was wir machen sollen)*.   3. Elle apprend tout *(was ihr gefällt)*.   4. Est-ce que tu as a compris *(was ihn stört)*?   5. Ils croient tout *(was man ihnen erzählt)*.   6. Est-ce que vous avez fait *(was ich euch gesagt habe)*?   7. Il m'explique tout *(was ich nicht verstanden habe)*.   8. Ils aiment lire *(was lustig ist)*.

21 Chloé vient de France.

U3 V1, p.52

Präpositionen und Artikel vor Ländernamen | Prépositions et articles devant les noms de pays

la France	**le** Québec	**les** États-Unis
l'Allemagne	**le** Portugal	
la Chine	**le** Canada	
la Tunisie	**le** Maroc	

> Anders als im Deutschen steht im Französischen vor Ländernamen der bestimmte Artikel (z. B. ▬ Frankreich = **_la France_**). Die meisten Ländernamen, die auf **-e** enden, sind feminin. Nur wenige Ländernamen sind maskulin oder stehen im Plural.

	la France	**le** Québec	**les** États-Unis
Il vient	**de** France.	**du** Québec.	**des** États-Unis.
Il est/va/habite	**en** France.	**au** Québec.	**aux** États-Unis.

> Willst du sagen, dass jemand aus einem Land kommt **_(Il vient …)_** verwendest du vor femininen Ländernamen **_de/d'_**, vor maskulinen Ländernamen **_du_** und vor Ländernamen im Plural **_des_**. Willst du sagen, dass jemand in einem Land ist **_(Il est / Il habite …)_** oder in ein Land fährt **_(Il va …)_** verwendest du vor femininen Ländernamen **_en_**, vor maskulinen Ländernamen **_au_** und vor Ländernamen im Plural **_aux_**.
>
> | MERKE | feminin: | *en/de* | |
> |---|---|---|---|
> | | maskulin: | *au/du* | + Ländername |
> | | Plural: | *aux/des* | |

Hast du das verstanden? ▶ Webcode: APLUS-3-GH

Ergänze mit der richtigen Präposition.
1. Tim vient **?** Québec.   2. Sophie vient **?** France.   3. Aisha est **?** Tunisie.
4. Les parents de Chloé vont **?** États-Unis.   5. Damien va **?** Maroc.

22 Qu'est-ce qui te plaît à Montréal?

U3 V1, p.52

Die Frage mit *qui est-ce qui?, qui est-ce que?* und *qu'est-ce qui?* |
L'interrogation avec *qui est-ce qui?, qui est-ce que?* et *qu'est-ce qui?*

Qui est-ce **qui** est à Montréal?	Wer …?	Chloé est à Montréal.
Qui est-ce **que** Chloé a invité?	Wen …?	Elle a invité sa copine.

> Mit **_qui est-ce qui?_** und **_qui est-ce que?_** fragst du nach Personen. Deshalb steht am Anfang des Frageworts **_qui_**. Mit **_qui est-ce qui?_** fragst du nach dem Subjekt des Satzes, mit **_qui est-ce que?_** fragst du nach dem direkten Objekt. Der Unterschied zwischen den beiden Fragen besteht nur in dem **… _qui_** bzw. **… _que_** am Ende des Frageworts.

Qu'est-ce qui lui plaît à Montréal?	Was ...?	<u>L'été indien</u> lui plaît.
Qu'est-ce que Chloé fait pendant son temps libre?	Was ...?	Elle fait <u>du shopping</u>.

Mit **qu'est-ce qui?** und **qu'est-ce que?** fragst du nach Sachen. Deshalb steht in beiden Fragen **que** am Anfang des Frageworts. Mit **qu'est-ce qui?** fragst du nach dem Subjekt des Satzes, mit **qu'est-ce que?** fragst du nach dem direkten Objekt des Satzes. Beide Fragewörter werden mit „Was ...?" übersetzt, weil im Deutschen nicht unterschieden wird, ob man nach dem Subjekt oder dem Objekt fragt.

MERKE

	Frage nach Personen:			Frage nach
vorne **qui**	***Qui est-ce qui** ...?*	Wer ...?		
	***Qui est-ce que** ...?*	Wen ...?	dem Subjekt: hinten **qui**
	Frage nach Sachen:			dem direkten Objekt: hinten **que**
vorne **que**	***Qu'est-ce qui** ...?*	Was ...?	
	***Qu'est-ce que** ...?*	Was ...?	

Qui vorne fragt nach Personen, **que** vorne fragt nach Sachen. Das ist ja leicht. Aber woher weiß ich, ob hinten **qui** oder **que** steht?

Ich merk' mir das so: Nach **que** steht immer ein Subjekt, nach **qui** nie!!! Nach **qui** steht ein Verb oder ein Objektpronomen mit Verb.

Hast du das verstanden? ▶ **Webcode**: APLUS-3-GH

Ergänze mit den Fragewörtern **qui est-ce qui ...?, qui est-ce que ...?, qu'est-ce qui ...?** oder **qu'est-ce que ...?**

1. **?** le magazine Jeb a rencontré au Québec?
2. **?** a décidé de partir à Montréal?
3. **?** plaît à Chloé?
4. **?** Chloé fait à Montréal en hiver?
5. **?** te dérange?

---

3 V2, p. 56
V3, p. 60

23 Ils se sont occupés des chiens.

Die reflexiven Verben im *passé composé* | **Les verbes pronominaux au passé composé**

Jérémy **se lève** tôt.	Olivia **se lève** tôt.
Les garçons **se promènent**.	Les filles **se promènent**.

Du kennst schon die reflexiven Verben, die immer mit einem Pronomen verbunden sind, dem Reflexivpronomen (▶ p. 12–13/4.1). Das Reflexivpronomen steht immer direkt vor dem Verb.

Jérémy s'**est** lev**é** tôt.   Olivia s'**est** lev**ée** tôt.
Les garçons se **sont** promen**és**.   Les filles se **sont** promen**ées**.

Reflexive Verben bilden das *passé composé* mit *être*. Deshalb musst du das Partizip Perfekt in Genus und Numerus dem Subjekt angleichen. Das kennst du schon von anderen Verben (▶ p. 17/5.7). Im *passé composé* steht das Reflexivpronomen immer direkt vor dem Hilfsverb.

Max et Léa se sont bien **amusés**.

Bezieht sich ein Partizip Perfekt zugleich auf maskuline und feminine Personen oder Sachen, verwendest du die maskuline Form des Partizips.

MERKE   Diese Verben bilden das *passé composé* mit *être*:
Alle reflexiven Verben und *aller, arriver, descendre, entrer, monter, partir, rentrer, rester, retourner, sortir, tomber, venir*.

Hast du das verstanden?   ▶ **Webcode**: APLUS-3-GH
Wer hat diese Sätze geschrieben: *Olivia, Jérémy et Gabriel, Martin* oder *Chloé et Olivia*?
1. Je me suis levé tard.   2. Nous nous sommes couchés très tard.
3. Nous nous sommes promenées longtemps.   4. Je me suis occupée des chiens.
5. Je ne me suis pas ennuyée.   6. Je me suis bien amusé.

---

24   Avant de préparer le traîneau, je me suis habillé.

U3 V2, p. 56

Der Infinitivsatz mit *avant de* | **La phrase infinitive avec** *avant de*

Infinitivsatz	Hauptsatz
Avant de commencer la randonnée,	nous nous sommes occupés de nos chiens.
Avant de me promener,	j'ai mis mes affaires dans ma chambre.

Mit *avant de* kannst du Infinitivsätze bilden. Mit dem Infinitivsatz beschreibst du eine Handlung, die nach der Handlung, die im Hauptsatz beschrieben wird, stattgefunden hat.

Hast du das verstanden?   ▶ **Webcode**: APLUS-3-GH
Bilde eine Kette.
chatter avec mes copines; manger; faire les devoirs; ranger ma chambre; faire les courses pour maman; téléphoner à Aline; monter dans ma chambre.
Exemple: Avant de chatter avec mes copines, j'ai … Avant de manger, j'ai …

25 – Est-ce que tu as un kayak? – Oui, j'en ai un.

3 V2, p. 56

Das Pronomen *en* (partitiv) | Le pronom *en* (partitif)

direktes Objekt	direktes Objektpronomen
– Est-ce que tu connais Jérémy?	– Oui, je **le** connais.
– Est-ce que tu connais Olivia?	– Non, je ne **la** connais pas encore.
– Est-ce que tu connais les parents de Gabriel?	– Non, je ne **les** connais pas.

> Du weißt schon, dass du direkte Objekte durch direkte Objektpronomen ersetzen kannst
> (▶ p. 12–13/4.1).

– Tu as acheté	de l'eau?	– Oui, j'**en** ai acheté.	Ja, ich habe welches gekauft.
– Tu prends	de la soupe?	– Oui, j'**en** prends.	Ja, ich nehme davon/welche.
– Tu veux encore	du sirop d'érable?	– Non, merci, j'**en** ai assez.	Nein danke, ich habe genug (davon).
– Tu as encore	du fromage?	– Non, je n'**en** ai **plus**.	Nein, ich habe keinen mehr.

> Steht aber vor dem direkten Objekt <u>der Teilungsartikel</u> **(de la, du, de l')** (▶ p. 8/2), dann ersetzt
> du das direkte Objekt mit dem Pronomen **en**. **En** kann sehr unterschiedlich ins Deutsche
> übersetzt werden, z. B. mit „davon" oder „welche/n/s". Im verneinten Satz wird es mit
> „keinen/keine/keines" übersetzt. Häufig steht an der Stelle von **en** im Deutschen gar nichts.

Tu as un chien?

J'en ai six!

– Est-ce que tu as <u>une tente</u>?	– Oui, j'**en** ai <u>une</u>.	Ja, ich habe eins.
– Est-ce que tu as <u>un sac</u>?	– Zut, je n'**en** ai <u>pas</u>.	Mist, ich habe keinen.
– Tu as pris <u>des bédés</u>?	– Oui, j'**en** ai pris <u>beaucoup</u>.	Ja, ich habe viele mitgenommen.
– Tu vas prendre <u>un hamac</u>?	– Je vais **en** prendre <u>deux</u>.	Ich werde zwei mitnehmen.

> Steht vor dem direkten Objekt <u>ein unbestimmter Artikel</u> **(un, une, des)**, dann ersetzt du das
> direkte Objekt ebenfalls mit dem Pronomen **en**.
> Zusätzlich zu **en** kannst du Zahlwörter oder Mengenangaben verwenden. In diesen Fällen
> übersetzt du **en** nicht ins Deutsche. Im verneinten Satz wird **en** mit „keine/n/s" übersetzt.
>
> **En** ist unveränderlich. Wie die Objektpronomen steht **en** immer vor dem konjugierten Verb
> und innerhalb der Verneinungsklammer. Nur in einem Satz mit **futur composé** oder einem
> Modalverb steht **en** vor dem Infinitiv.

> **MERKE**   *de la / de l' / du*   + Nomen | → *en*
>   *un/une/des*   + Nomen

Je n'en peux plus.	Ne t'en fais pas.	J'en ai assez.
Ich kann nicht mehr.	Mach dir nichts draus.	Ich habe es satt.

Im Französischen wird **en** sehr oft verwendet. Merke dir deshalb diese häufigen Ausdrücke.

Hast du das verstanden? ▶ <u>Webcode</u>: APLUS-3-GH

Wofür steht **en** in den folgenden Sätzen?

1. Madame Levassier a fait de la poutine. J'en ai mangé trop. 2. Dans la forêt, il y a des caribous. On en a vu cinq. 3. Tu as déjà fait du kayak? On peut en faire partout ici.

26 En traîneau, ça va moins vite.

U3 V3, p. 60

Der Komparativ des Adverbs | Le comparatif de l'adverbe

| | Félix | Olivia, Jérémy et Gabriel | Martin |

+	Martin va	**plus vite que**	les autres.	... schneller als ...
=	Olivia va	**aussi vite que**	Jérémy et Gabriel.	... genauso schnell wie ...
–	Félix va	**moins vite que**	les autres.	... langsamer als ...

Auch Adverbien kannst du steigern. Der Komparativ der französischen Adverbien wird genauso gebildet wie der Komparativ der Adjektive: Du stellst **plus, aussi, moins** vor das Adverb und das Vergleichswort **que** (= „als/wie") dahinter.

> **MERKE**
> **+** *plus*
> **=** *aussi*   + Adverb + *que*
> **–** *moins*

Martin chante **bien**.	... gut.	Il chante **mieux** que son frère.	... besser ...
Olivia travaille **beaucoup**.	... viel.	Elle travaille **plus** que sa sœur.	... mehr ...
Félix travaille **peu**.	... wenig.	Il travaille **moins** que son copain.	... weniger ...

❗ Der Komparativ von **bien, beaucoup** und **peu** ist unregelmäßig.

	Adjektiv		Adverb	
<u>Les gâteaux</u> de Sarah sont	**bons**.	... gut.	Sarah <u>chante</u> **bien**.	... gut.
Mais <u>les gâteaux</u> de Marie sont	**meilleurs**.	... besser.	Marie <u>chante</u> **mieux**.	... besser.

❗ Verwechsle nicht Adjektiv und Adverb.

Vergleiche. Verwende die Angaben in Klammern.

1. Chloé a pris l'accent québécois (= *vite*) que son frère.   2. À Kuujjuaq, on vit (+ *calmement*) qu'à Montréal.   3. À Montréal, il neige (+ *souvent*) qu'à Paris.
4. Jérémy parle (+ *bien*) français qu'Akiak.   5. Mais il parle (− *bien*) anglais que Gabriel.

27 On se déplace le plus souvent à pied.

3 V3, p. 60

Der Superlativ des Adverbs | Le superlatif de l'adverbe

Avec sa motoneige, Martin se déplace **le plus vite**.	… am schnellsten.
Mais il l'utilise **le moins souvent** possible.	… so selten wie möglich / am seltensten.
À Kuujjuaq, on vit **le plus calmement**.	… am ruhigsten.
À pied, on se déplace **le moins vite**.	… am wenigsten schnell / am langsamsten.

Du hast bereits den Superlativ des Adjektivs kennengelernt (▶ p. 11–12/3.4).
Auch Adverbien haben eine höchste Steigerungsform (Superlativ). Du bildest den Superlativ eines Adverbs, indem du **le plus** oder **le moins** vor das Adverb stellst.

bien	mieux	**le mieux**	gut, besser, am besten
beaucoup	plus	**le plus**	viel, mehr, am meisten
peu	moins	**le moins**	wenig, weniger, am wenigsten

! Die Steigerungsformen dieser drei häufig gebrauchten Adverbien sind unregelmäßig.

Ergänze die Sätze mit den Angaben in Klammern. Verwende dabei den Superlativ.
1. Pour aller à Kuujjuaq (++ *vite*) possible, on va prendre une motoneige.   2. Nous allons visiter les endroits qui vous intéressent (++ *beaucoup*).   3. Ils prennent (−− *souvent*) la motoneige.   4. Essayez de déranger les animaux (−− *peu*) possible!
5. Il faut protéger la nature (++ *bien*) possible.

28 Il y a plus de vingt mots différents pour «la neige».

3 V3, p. 60

Mengenangaben mit *plus de, autant de, moins de* |
Les quantifiants avec *plus de, autant de, moins de*

Le Québec compte **plus de** 8 millions d'habitants.	… mehr als …
Aujourd'hui, à Harrington Harbour, il y a **autant d**'habitants qu'en 2003.	… genauso viele …
En traîneau, on fait **moins de** bruit.	… weniger …

Du kennst schon Mengenangaben mit **de** (z. B. **beaucoup de**) (▶ p. 8/2). Mengen können miteinander verglichen werden. Für den Vergleich verwendest du **plus de, autant de, moins de**.

3 Fais le point

Hier kannst du überprüfen, was du in der *Unité* 3 gelernt hast. Diese Aufgaben kannst du unter www.cornelsen.de/webcodes APLUS-3-GH-42 herunterladen und ausfüllen.

1 **Übersetze.**

1. Chloé wohnt in Quebec, aber sie kommt aus Frankreich. Ihre Freundin Sheila kommt aus den Vereinigten Staaten.   2. Luíz kommt aus Kanada und fährt in die Vereinigten Staaten.
3. Lennart ist noch in Deutschland und fährt morgen nach Portugal.

2 **Frage nach dem unterstrichenen Satzteil. Verwende dabei die Fragewörter** *qui est-ce qui ...?, qui est-ce que ...?, qu'est-ce qui ..?* **oder** *qu'est-ce que ...?*.

1. <u>Chloé</u> a invité sa copine pour le déjeuner.   2. Chloé a invité <u>sa copine</u>.
3. Elle a fait <u>du ski</u> en hiver.   4. <u>L'été indien</u> lui plaît au Québec.   5. <u>Une équipe du magazine Jeb</u> a posé des questions à Chloé.   6. <u>L'accent</u> est différent ici.

3 **Bilde Sätze im** *passé composé.*

1. Le matin / le groupe / se préparer / pour la randonnée.   2. Martin / s'énerver un peu.
3. Après, tout le monde / se dépêcher.   4. À midi / le groupe / s'arrêter pour faire une pause.
5. Pendant la pause / les garçons / se baigner dans la neige.   6. Ils / s'éclater.
7. Olivia et Francine / se reposer un peu.   8. Olivia / se moquer de Jérémy.

4 **Übersetze.**

1. Bevor ich nach Hause gegangen bin, habe ich Brot gekauft.
2. Bevor er uns erklärt hat, wie man einen Hundeschlitten fährt, hat Martin sich vorgestellt.
3. Bevor ich in Montreal angekommen bin, habe ich Chloé angerufen.

5 **Beantworte die Fragen. Verwende** *en* **und die Angaben in Klammern.**

1. Est-ce que tu as pris de l'argent? *(un peu)*   2. Est-ce qu'on a encore des pommes? *(deux kilos)* 3. Combien de chiens est-ce qu'il faut par traîneau? *(quatre ou six)*   4. Est-ce que vous avez rencontré des ours dans la forêt? *(un)*   5. Est-ce que tu connais des films sur le Québec? *(beaucoup)*   6. Tu as acheté du jus de pomme? *(trois bouteilles)*

6 **Bilde Sätze. Verwende den Komparativ (a) und den Superlativ (b) des Adverbs.**

a 1. L'ours / vivre / **−** longtemps / homme.   2. Dans un igloo / on / dormir / **=** bien / dans un gîte.   3. Samuel / jouer au hockey sur glace / **=** souvent / ses copains.
4. Samuel / faire des randonnées / **+** souvent / ses copains.

b 1. Sarah / aller dans la forêt / **− −** souvent.   2. Ils / construire leurs maisons / **++** loin possible / des parcs naturels.   3. Vous / vouloir voir les animaux / **++** bien possible? Allez à pied!   4. On / essayer de déranger les ours / **− −** peu possible.

29 Passe-moi la télécommande, s'il te plaît.

4 V1, p. 74

Der Imperativ mit Pronomen | L'impératif avec un pronom

bejahter Imperativ		verneinter Imperativ
Écoutez-**moi**.		Ne **m'**écoutez pas.
Amuse-**toi**.		Ne **t'**amuse pas.
Appelle-**le**.	(= ton copain)	Ne **l'**appelle pas.
Regardons-**la**.	(= la photo)	Ne **la** regardons pas.
Écris-**lui**.	(= à ta copine)	Ne **lui** écris pas.
Écoutez-**nous**.		Ne **nous** écoutez pas.
Dépêchez-**vous**.		Ne **vous** dépêchez pas.
Lis-**les**.	(= les livres)	Ne **les** lis pas.
Réponds-**leur**.	(= à tes professeurs)	Ne **leur** réponds pas.

Wenn du jemanden um etwas bitten willst oder jemanden zu etwas auffordern willst, verwendest du häufig einen Imperativ mit Pronomen, z. B. „Gib mir bitte die Fernbedienung. Antworte ihm nicht." Das ist im Französischen genauso.

Ist der Imperativ bejaht, steht das Pronomen nach dem Imperativ und wird mit einem Bindestrich an den Imperativ angeschlossen. Anstelle der Pronomen *me* und *te* verwendest du die betonten Formen *moi* und *toi*.

Wenn du jemanden auffordern willst, etwas zu unterlassen, verwendest du den verneinten Imperativ. Die Reihenfolge von Imperativ und Pronomen ist dann die gleiche wie in einem Aussagesatz: Das Pronomen steht vor dem Imperativ.

Wenn die Imperativform mit einem Vokal beginnt, wird *me, te, le* und *la* zu *m', t', l'* verkürzt.

Dépêchez-vous!!!

Va**s**-y.	N'y va pas.
Achète**s**-en.	N'en achète pas.

! Endet die Imperativform auf einen Vokal, so steht vor den Pronomen *en* und *y* zur leichteren Aussprache ein *-s*.

Hast du das verstanden?   ▶ **Webcode**: APLUS-3-GH

Übersetze.

1. Hilf mir, bitte.
2. Gib ihm das Buch.
3. Schreibt uns.
4. Ruft uns nicht an.
5. Probier es an (= *das Kleid*).
6. Macht das (= *le*) nicht.
7. Behaltet sie (= *die Bücher*).
8. Nerv mich nicht.

30 Je crois, tu crois, il croit …

U4 V1, p. 74

Das unregelmäßige Verb *croire* | **Le verbe irrégulier** *croire*

je	crois
tu	crois
il/elle/on	croit
nous	cro**y**ons
vous	cro**y**ez
ils/elles	croient
impératif	Crois. Cro**y**ons. Cro**y**ez.
imparfait	je cro**y**ais
passé composé	j'ai cru

Tu crois que ça va marcher?

MACHINE À FAIRE LES DEVOIRS

Hast du das verstanden?　　　　　▶ <u>Webcode</u>: APLUS-3-GH

Ergänze mit der passenden Verbform.

1. **?**-moi. *(zwei Möglichkeiten)*　　2. Je **?** *(imparfait)* qu'on était encore amis.　　3. Nous **?** qu'elle a raison.　　4. Il **?** que nous avons trouvé la solution.　　5. Ils **?** qu'il faut travailler plus.　　6. Il **?** *(passé composé)* que c'était du sucre, mais c'était de la farine.

31 C'est moi qui passe l'aspirateur. C'est dimanche qu'on va au ciné.

U4 V2, p. 78

Die Hervorhebung | **La mise en relief**

Anna hat eingekauft. (Nicht ich.)　　Zu **Theo** gehe ich. (Nicht zu Leo.)

> Im Deutschen kannst du einen Satzteil hervorheben, indem du den Satzteil beim Sprechen besonders betonst oder ihn an den Anfang oder das Ende des Satzes stellst. Im Französischen musst du das anders machen.

Hervorhebung eines Subjekts

1. – Est-ce que tu as sorti le chien?　　　　– Non, **c'est** <u>Hugo</u> **qui** l'a sorti.
2. – Qui a rangé la cuisine?　　　　　　　– **Ce sont** <u>Lena et Hugo</u> **qui** ont rangé la cuisine.
3. – Est-ce que Max a mis le couvert?　　　– Non, **c'est** <u>moi</u> **qui** l'ai mis.
4. – Est-ce que tu prépares le dessert?　　 – Non, aujourd'hui, **c'est** <u>toi</u> **qui** le prépares.
5. – Hugo a descendu les poubelles?　　　 – Non, **ce** n'est jamais <u>lui</u> **qui** les descend.

> Steht das Subjekt im Singular, verwendest du zur Hervorhebung **c'est … qui**. Steht das Subjekt im Plural, verwendest du zur Hervorhebung **ce sont … qui** (Beispiel 2).
> Nach **c'est / ce sont** verwendest du die unverbundenen Personalpronomen **moi, toi, lui, elle, nous, vous, eux, elles** (▶ p. 12/4.1).
> ❗ Das Verb, das nach **qui** steht, richtet sich nach dem Subjekt, das du hervorhebst. Darauf musst du besonders bei der Hervorhebung von **moi** und **toi** achten (Beispiel 3 und 4).

Hervorhebung einer Ergänzung

– Est-ce que tu vas travailler <u>avec Lola</u>?   – Non, **c'est** <u>avec Laura</u> **que** je vais travailler.

– Est-ce que nous partons <u>vendredi</u>?   – Non, **c'est** <u>samedi</u> **que** nous partons.

– Aurélie va aller <u>en Espagne</u> en été.   – Non, **c'est** <u>en Italie</u> **qu'**elle va aller.

– Tu prépares <u>les cadeaux</u> pour samedi?   – Non, **ce sont** <u>les gâteaux</u> **que** je prépare.

– Est-ce que tu as parlé <u>à ton père</u>?   – Non, **c'est** <u>à ma mère</u> **que** j'ai parlé d'abord.

> Mit **c'est / ce sont … que** kannst du alle Ergänzungen hervorheben: Objekte, Zeitangaben oder Ortsangaben. Wenn auf **que** ein Wort folgt, das mit einem Vokal beginnt, musst du **que** verkürzen.

> **Hast du das verstanden?**   ▶ **Webcode**: APLUS-3-GH
>
> Hebe die unterstrichenen Satzteile hervor. Verwende dazu **c'est / ce sont … qui** oder **c'est / ce sont … que**.
>
> 1. <u>Marc</u> va faire un atelier de hip-hop.   2. Marc va faire <u>un atelier de hip-hop</u>.   3. <u>Muriel</u> est allée en Allemagne en été.   4. Muriel est allée <u>en Allemagne</u> en été.   5. Muriel est allée en Allemagne <u>en été</u>.   6. <u>Paul et Marie</u> ont nettoyé l'appartement.   7. Paul et Marie ont nettoyé <u>l'appartement</u>.   8. <u>Maxime</u> fait les sandwichs.   9. Maxime fait <u>les sandwichs</u>.

32 Elle sort le chien. Il descend les poubelles.

4 V2, p.78

Die Verben *descendre* **und** *sortir* **mit direktem Objekt** |
Les verbes *descendre* **et** *sortir* **avec complément d'objet direct**

Elle **descend** à la station Trocadéro.	Elle **est descendue** à la station Trocadéro.	aussteigen
Ils **descendent** à pied.	Ils **sont descendus** à pied.	hinuntergehen
Les filles **sortent** samedi soir.	Les filles **sont sorties** samedi soir.	ausgehen
Ils **sortent** de la maison.	Ils **sont sortis** de la maison.	hinausgehen

> Du kennst schon die Verben **descendre** („aussteigen/hinuntergehen") und **sortir** („ausgehen/ hinausgehen") und du weißt, dass sie das **passé composé** mit dem Hilfsverb **être** bilden.

Elle **descend** les poubelles.	Elle **a descendu** les poubelles.	hinunterbringen
Ils **descendent** les livres de l'étagère.	Ils **ont descendu** les livres de l'étagère.	herunterholen
Ils **sortent** le chien.	Ils **ont sorti** le chien.	ausführen
Elle **sort** le portable de son sac.	Elle **a sorti** le portable de son sac.	herausholen

> **Descendre** und **sortir** können auch ein direktes Objekt haben. Sie haben dann eine andere Bedeutung und bilden das **passé composé** mit dem Hilfsverb **avoir**.
>
> ❗ Nach dem Hilfsverb **avoir** wird das Partizip Perfekt nicht verändert.

MERKE	*descendre*	–	aussteigen/hinuntergehen
	descendre qc	–	etwas hinunterbringen/herunterholen
	sortir	–	ausgehen/hinausgehen
	sortir qc	–	etwas herausholen/hinausbringen / (den Hund) ausführen

Hast du das verstanden? ▶ <u>Webcode</u>: APLUS-3-GH

Ergänze mit der passenden Verbform im *passé composé*. Welches Hilfsverb musst du verwenden, *avoir* oder *être*?

1. Martin **?** *(descendre)* les sacs de l'armoire.
2. Elle **?** *(descendre)* du métro à la station Cité.
3. Ils **?** *(descendre)* les chaises et les tables du premier étage.
4. Est-ce que vous **?** *(sortir)* vos affaires de la voiture?
5. Les élèves **?** *(sortir)* de l'école à 16 heures.
6. Moi, je/j' **?** *(sortir)* le chien lundi et mardi. C'est à toi maintenant.

33 Il se demande comment son père a piraté son mot de passe.

U4 V3, p. 82

Die indirekte Frage | L'interrogation indirecte

David:

«<u>Est-ce que</u> Nicolas a parlé à son père?»	David **se demande si** Nicolas a parlé à son père.
«<u>Pourquoi est-ce que</u> vous vous disputez?»	David **demande pourquoi** ils se disputent.
«<u>Quand est-ce que</u> vous allez au ciné?»	David **veut savoir quand** ils vont au ciné.
«<u>À quelle heure est-ce</u> qu'elle vient?»	David **demande à quelle heure** elle vient.
«<u>Qu'est-ce que</u> Nicolas fait maintenant?»	David **veut savoir ce que** Nicolas fait maintenant.
«<u>Comment est-ce que</u> ça s'est passé avec son père?»	David **veut savoir comment** ça s'est passé avec son père.

Wenn du wiedergeben willst, was eine andere Person gefragt hat, verwendest du nicht die direkte (wörtliche) Frage, sondern die indirekte Frage (▶ p. 21/9). Die indirekte Frage leitest du mit den Verben *demander, se demander, vouloir savoir* und der Konjunktion *si* (= „ob") oder dem Fragewort der direkten Frage ein.
Wenn die direkte Frage mit *qu'est-ce que* beginnt, steht in der indirekten Frage *ce que*.

Je me demande ce que j'ai oublié.

MERKE Die indirekte Frage:

		si		
		pourquoi		
		quand		
demander		*où*		
se demander	+	*comment*	+ Subjekt	+ Verb
vouloir savoir		*combien*		
		à quelle heure		
		avec qui		
		ce que/qu'		

Est-ce que steht in der indirekten Frage nie!

Hast du das verstanden? ▶ Webcode: APLUS-3-GH

Forme die direkten Fragen in indirekte Fragen um. Verwende dabei: *David veut savoir / demande / se demande …*

1. Est-ce que le père de Nicolas a vraiment lu le blog?
2. Pourquoi est-ce que Nicolas ne parle pas à son père?
3. Qu'est-ce que son père a fait?
4. Comment est-ce que son père a trouvé son mot de passe?
5. Avec qui est-ce que Nicolas veut partir en vacances?
6. Qu'est-ce que son père a répondu?

U2, U4

AUF EINEN BLICK

Verben, die ihre Infinitivergänzung mit *de* anschließen		Verben, die ihre Infinitivergänzung mit *à* anschließen	
arrêter de		aider qn à	
avoir/donner envie de		apprendre à	
avoir besoin de		arriver à	
avoir le droit de		commencer à	+ Infinitiv
avoir le temps de	+ Infinitiv	passer son temps à	
décider de		réussir à	
interdire à qn de			
promettre (à qn) de			
proposer (à qn) de			
rêver de			

4 Fais le point

Hier kannst du überprüfen, was du in der *Unité* 4 gelernt hast. Diese Aufgaben kannst du unter www.cornelsen.de/webcodes APLUS-3-GH-48 herunterladen und ausfüllen.

1 a Fordere einen Freund dazu auf:

dir zuzuhören; ihm *(= seinem Bruder)* nicht zuzuhören; ihr *(= seiner Freundin)* zu antworten; sich zu beeilen; ihn *(= seinen Freund)* anzurufen; nicht dorthin zu gehen; nicht auf dich zu warten.

b Fordere mehrere Personen auf:

dir zuzuhören; ihm *(= ihrem Bruder)* nicht zuzuhören; ihr *(= ihrer Freundin)* zu antworten; sich zu beeilen; ihn *(= ihren Freund)* anzurufen; nicht dorthin zu gehen; nicht auf dich zu warten.

2 Das stimmt nicht! Stelle die Aussagen richtig. Verwende dazu die Angaben in Klammern und *c'est / ce sont ... qui* **oder** *c'est / ce sont ... que*.

1. Lola et Quentin voudraient sortir vendredi. *(samedi)*
2. Nathan et Jules veulent faire une fête la semaine prochaine. *(Antoine et Tom)*
3. Sa copine va venir chez elle lundi. *(son copain)*
4. Ils ont fait une balade à Strasbourg. *(Colmar)*
5. Elle doit lire tous ces romans le week-end. *(toutes ces bédés)*
6. Je dois téléphoner à ma mère. *(mon père)*

3 Gib auf Französisch wieder, was die Personen gefragt haben. Verwende dazu die indirekte Frage.

1. Juliette: „Warum ist Nicolas traurig?"
2. Max: „Hat Nicolas mit seinem Vater über sein Projekt gesprochen?"
3. Gabriel: „Wann wird Nicolas mit seinem Vater sprechen?"
4. Arthur: „Was hat sein Vater gesagt?"
5. Gabriel: „Kann Nicolas mit uns in Ferien fahren?"
6. Juliette: „Welchen Rat habt ihr Nicolas gegeben?"

4 Übersetze.

1. Clément bringt den Müll hinunter und Zoé und Eva führen den Hund aus.
2. Bringst du die Stühle bitte ins Wohnzimmer runter.
3. Sie ist an der Station *Pont Neuf* aus dem Bus ausgestiegen.
4. Sie hat eine Tafel Schokolade aus ihrer Tasche geholt.
5. Er ist aus dem Auto gestiegen.
6. Claire ist am Wochenende mit ihren Freundinnen ausgegangen.

34 Ils en reviennent à 15 heures.

S V1, p. 96

Das Pronomen *en* **(lokal)** | **Le pronom** *en* **(local)**

– Est-ce que les élèves sont déjà sortis de la cantine?

– Non, ils n'**en** sont pas encore sortis.

– Quand est-ce que le groupe va partir du camping?

– Il **en** part à 8 heures.

– Quand est-ce que vous repartez des Pyrénées?

– Nous **en** repartons le 29 août.

– Quand est-ce que tu reviens de ton cours de danse?

– Normalement, j'**en** reviens vers 17 heures.

> Mit dem Pronomen **en** kannst du Ortsangaben ersetzen, die mit **de** eingeleitet werden.
> Du kannst **en** mit „von dort" übersetzen. Häufig übersetzt du das Pronomen **en** gar nicht ins
> Deutsche. **En** ist unveränderlich und steht immer vor dem Verb.

Ils vont sur Mars.

Quand est-ce qu'ils en reviennent?

Hast du das verstanden? ▶ **Webcode**: APLUS-3-GH

Beantworte die Fragen. Verwende dabei **en**.

1. Est-ce que les enfants sont déjà sortis de l'école? *(Non)*
2. Quand est-ce que vous partez de Quimper? *(samedi)*
3. Est-ce que Manon revient de sa colo vendredi ou samedi? *(dimanche)*
4. Maman, quand est-ce que vous revenez du ciné? *(vers 22 heures 30)*
5. Quand est-ce qu'ils sont sortis de la piscine? *(18 heures)*

35 – Tu connais ce livre? – Lequel?

J5 V1, p. 96

Das Fragepronomen *lequel* | **Le pronom interrogatif** *lequel*

Quel film est-ce que vous avez regardé hier soir?
Tu pars dans quelle colo cet été?

> Du kennst schon den Fragebegleiter **quel**, der immer vor einem Nomen steht (▶ p. 7/1).

– Tu as compris cet exercice? – **Lequel**?
– Nous avons choisi une colo. – **Laquelle**?
– Je n'ai pas fait les devoirs. – **Lesquels**?
– J'ai choisi trois photos. – **Lesquelles**?

Im Französischen gibt es auch Frage<u>pronomen</u>. Sie stehen anstelle eines Nomens. Das Fragepronomen **lequel** setzt du aus einem bestimmten Artikel **(le, la, les)** und einer Form des Fragebegleiters zusammen. Das Fragepronomen gleichst du in Genus und Numerus dem Nomen an, das es ersetzt.
Im Deutschen gibt es keine Extraform für das Fragepronomen: „Welcher? Welche? Welches?" sind sowohl Fragebegleiter als auch Fragepronomen.

MERKE	Frage<u>pronomen</u>:		Frage<u>begleiter</u>:	
Singular	*Lequel*?	*Laquelle*?	*Quel* **CD**?	*Quelle* **actrice**?
Plural	*Lesquels*?	*Lesquelles*?	*Quels* **films**?	*Quelles* **adresses**?

Hast du das verstanden? ▶ <u>Webcode</u>: APLUS-3-GH
Frage nach. Verwende dabei die richtige Form des Fragepronomens.
1. Camille connaît une bonne colo en Bretagne. 2. Je n'ai pas compris ces phrases.
3. Mes copains n'aiment pas du tout cet animateur. 4. On a visité ces villages.
5. Hier soir, on a appris une nouvelle danse. 6. Ma sœur a préparé un dessert super.

36 Ils sont en train de faire une pause.

U5 V2, p.100

Das *présent duratif* (*être en train de* + Infinitiv) | Le présent duratif (*être en train de* + infinitif)

1. – Tu m'aides, s'il te plaît? – Non, je **suis en train de préparer** le repas.
2. – Où sont les enfants? – Ils **sont en train de ranger** leur chambre.
3. – Qu'est-ce que tu fais? – Je **suis en train d'écrire** un commentaire.
4. Leáne **était en train de regarder** le GPS, quand Céline a trouvé la cache.

Mit der Wendung **être en train de** + Infinitiv drückst du aus, dass jemand gerade dabei ist, etwas zu tun. **Être en train de** + Infinitiv kannst du auch im **imparfait** verwenden, um auszudrücken, dass jemand gerade dabei war, etwas zu tun (Beispiel 4).

Hast du das verstanden? ▶ <u>Webcode</u>: APLUS-3-GH
Beantworte die Fragen und verwende **être en train de** + Infinitiv.
1. – Tu viens avec nous? – Non, je *(prendre des photos)*. 2. – Où sont Marie et Claire?
– Elles *(faire les courses)*. 3. – Pourquoi est-ce que Enzo ne t'aide pas à ranger la cuisine? – Parce qu'il *(mettre le couvert)*. 4. – Qu'est-ce que vous faites? – Nous *(écouter notre nouveau CD)*. 5. – Tu peux descendre les poubelles? – Non, je *(faire mes devoirs)*.

37 Ils viennent de commencer la chasse.

V2, p.100

Das *passé récent* (*venir de* + Infinitiv) | **Le passé récent** (*venir de* + infinitif)

1. Dépêchez-vous. Les autres **viennent de partir**.
2. – Vous êtes là depuis longtemps? – Non, on **vient d'arriver**.
3. – Pourquoi est-ce qu'elle crie comme ça? – Je crois qu'elle **vient de trouver** la cache.
4. On **venait de commencer** la chasse, quand il a commencé à pleuvoir.

> Mit der Wendung **venir de** + Infinitiv drückst du aus, dass eine Handlung gerade eben erst abgeschlossen worden ist. **Venir de** +Infinitiv kannst du auch im **imparfait** verwenden, um auszudrücken, dass eine Handlung in der Vergangenheit gerade eben erst abgeschlossen worden war (Beispiel 4).

Hast du das verstanden? ▶ **Webcode**: APLUS-3-GH

Vervollständige die Sätze. Verwende dazu **venir de** + Infinitiv.
1. Le groupe est content parce qu' *(trouver la cache)*.
2. La petite fille pleure parce qu' *(tomber)*.
3. Les jeunes sont fatigués parce qu' *(faire une longue balade)*.
4. Anne et ses copines ne sont pas contentes: Elles *(perdre un match)*.

38 Je bois, tu bois, il boit ...

V2, p.100

Das unregelmäßige Verb *boire* | **Le verbe irrégulier** *boire*

je	bois
tu	bois
il/elle/on	boit
nous	b**u**vons
vous	b**u**vez
ils/elles	boi**v**ent
impératif	Bois. B**u**vons. B**u**vez.
imparfait	je b**u**vais
passé composé	j'ai bu

Qu'est-ce que vous buvez?

Une spécialité de Thomas.

Hast du das verstanden? ▶ **Webcode**: APLUS-3-GH

Ergänze mit der richtigen Verbform.
1. – Qu'est-ce que vous ⸮ ? – Je ⸮ un jus d'orange. Et toi? Qu'est-ce que tu ⸮ ?
2. Ne ⸮ pas si vite, Hugo. 3. Nous ⸮ du thé. 4. Le matin, Nora ⸮ toujours du chocolat chaud. 5. Aujourd'hui, je/j' ⸮ *(passé composé)* trop de café. 6. Mes élèves ⸮ toujours pendant les cours. 7. D'habitude, ma grand-mère ⸮ *(imparfait)* de l'eau.

Hier kannst du überprüfen, was du in der *Unité* 5 gelernt hast. Diese Aufgaben kannst du unter www.cornelsen.de/webcodes APLUS-3-GH-52 herunterladen und ausfüllen.

1   Ersetze *en* durch die passende Ortsangabe.

1. L'an dernier, j'étais à Quimper. J'ai beaucoup aimé et j'**en** suis revenu avec des bons souvenirs.
2. Je pars en colo à Paimpont. Quand j'**en** reviens, je vais chez mes grands-parents à Rennes.
3. Nous sommes allés à la plage vers 10 heures et Léandre et Raphaël **en** sont partis vers midi.
4. Les enfants sont encore à la piscine. D'habitude, ils **en** sortent vers 17 heures.

2   Stelle Fragen. Verwende das angegebene Verb und *lequel?, laquelle?, lesquels?, lesquelles?*.

(le dessert) *préférer*

(les CD) *connaître*

(les chaussures) *prendre*

(la robe) *essayer*

3   Übersetze die Sätze. Verwende dabei *être en train de* + Infinitiv oder *venir de* + Infinitiv.

1. Was hast du gerade gesagt?
2. Ich habe gerade den Bus verpasst.
3. Wir machen gerade eine Pause.
4. Ich habe gerade meine Eltern angerufen.
5. Marlène telefoniert gerade mit Antoine.
6. Die beiden Jungen sind gerade dabei, ihre Taschen zu packen.
7. Sie hatten gerade den Schatz gefunden, als die zweite Gruppe angekommen ist.
8. Sie waren gerade dabei, das Picknick vorzubereiten, als es angefangen hat zu regnen.

Je veux qu'il vienne!

39 **… que je finisse, que tu finisses, qu'il finisse**

MB p.46 Der *subjonctif* | Le subjonctif

		-e
		-es
ils/elles	travaill~~ent~~	-e
	finiss~~ent~~ +	-ions
	descend~~ent~~	-iez
		-ent

il faut que/qu'	je	travaille	finisse	descende
	tu	travailles	finisses	descendes
	il/elle/on	travaille	finisse	descende
	nous	travaillions	finissions	descendions
	vous	travailliez	finissiez	descendiez
	ils/elles	travaillent	finissent	descendent

Du bildest die **subjonctif**-Formen mit der Verbform der 3. Person Plural Präsens. An den Stamm dieser Verbform hängst du die **subjonctif**-Endungen *-e, -es, -e, -ions, -iez, -ent* an. Die Endungen der Singularformen und der 3. Person Plural kennst du vom Präsens der Verben auf *-er*, die Endungen der 1. und 2. Person Plural vom *imparfait* (▶ p. 23/11.1).

MERKE Bildung des **subjonctif**:
Stamm der 3. Person Plural Präsens + **subjonctif**-Endung *-e, -es, -e, -ions, -iez, -ent*

Wie merk' ich mir denn die **subjonctif**-Endungen?

Die meisten sind genauso wie die Präsens-Endungen der Verben auf *-er*. Nur für die 1. und 2. Person Plural (**nous** und **vous**) nimmst du die Endungen des **imparfait**.

aller:	que j'aille [aj]	que nous allions
avoir:	que j'aie [ɛ]	que nous ayons [ɛjɔ̃]
être:	que je sois	que nous soyons [swajɔ̃]
faire:	que je fasse	que nous fassions
pouvoir:	que je puisse	que nous puissions
prendre:	que je prenne	que nous prenions
venir:	que je vienne	que nous venions
voir:	que je voie	que nous voyions
vouloir:	que je veuille [vœj]	que nous voulions
boire:	que je boive	que nous buvions
savoir:	que je sache	que nous sachions

savoir U2/2, boire U5/2

❗ Einige der häufig gebrauchten Verben haben unregelmäßige **subjonctif**-Formen.

Il faut que	tu <mark>descendes</mark> chez les voisins.
Il ne faut pas que	vous <mark>fassiez</mark> trop de bruit.
Ils veulent que	je <mark>travaille</mark> pour l'interro de maths.
Je voudrais que	ce moment ne <mark>finisse</mark> jamais.
Ils ne veulent pas que	je <mark>sorte</mark> ce week-end.

Im Französischen musst du nach bestimmten Verben und Wendungen, die eine Notwendigkeit, einen Willen oder einen Wunsch ausdrücken, die ***subjonctif***-Formen eines Verbs verwenden. Der Nebensatz, in dem die ***subjonctif***-Form des Verbs stehen muss, wird immer mit der Konjunktion ***que*** eingeleitet. Im Deutschen gibt es keine Entsprechung des ***subjonctif***.

MERKE   *subjonctif*-Auslöser:

Il faut que / Il ne faut pas que ...

Je veux que / Je ne veux pas que ...

Je voudrais que / Je ne voudrais pas que ...

Il faut absolument qu'on aille voir ce film!

Antoine voudrait que **Romain** fasse la fête chez lui.

Son père ne veut pas qu'**ils** aient des problèmes avec les voisins.

Ein Nebensatz mit ***subjonctif*** kann nur stehen, wenn das Subjekt im Hauptsatz ***(Antoine / son père)*** ein anderes ist als im Nebensatz ***(Romain/ils)***.

On voudrait faire une fête.

Je ne veux pas avoir des problèmes avec les voisins.

Bei gleichem Subjekt verwendest du keinen ***subjonctif***, sondern einen Infinitiv.

Hast du das verstanden?

▶ **Webcode**: APLUS-3-GH

a Bilde die richtigen Formen des ***subjonctif***.

1. que je *(parler)*   2. que tu *(faire)*   3. qu'il *(être)*   4. qu'elle *(prendre)*   5. qu'on *(aller)*   6. que nous *(venir)*   7. que vous *(avoir)*   8. qu'ils *(ranger)*   9. qu'elles *(dire)*

b ***Subjonctif*** oder Indikativ? Ergänze mit der richtigen Verbform.

1. Il faut que je *(partir)* maintenant.   2. J'espère que Romain *(venir)*.   3. Ils ne veulent pas qu'on *(faire)* la fête chez moi.   4. Je voudrais que cette fête ne *(finir)* jamais.   5. Elle pense que Sarah n'/ne *(être)* pas sympa, en ce moment.   6. Ils disent que les jeunes *(faire)* trop de bruit.

40 **Je mangerai, tu mangeras, il mangera …**

ME p.108 **Die Bildung des** *futur simple* | **La formation du futur simple**

			parler	finir	perdre
	-ai	je	parler**ai**	finir**ai**	perdr**ai**
	-as	tu	parler**as**	finir**as**	perdr**as**
Infinitiv +	-a	il/elle/on	parler**a**	finir**a**	perdr**a**
	-ons	nous	parler**ons**	finir**ons**	perdr**ons**
	-ez	vous	parler**ez**	finir**ez**	perdr**ez**
	-ont	ils/elles	parler**ont**	finir**ont**	perdr**ont**

Du kennst schon das zusammengesetzte Futur *(je vais parler)* (▶ p.17/5.6). Außer diesem gibt es im Französischen noch das einfache Futur *(le futur simple)*, das nur aus <u>einer</u> Verbform besteht. Du bildest das ***futur simple***, indem du an den Infinitiv der meisten Verben die Endungen ***-ai, -as, -a, -ons, -ez, -ont*** anhängst. Die Verben, die auf ***-re*** enden, verlieren im ***futur simple*** das ***-e*** des Infinitivs.

acheter → j'achète → j'ach**è**terai   *ebenso:* amener, harceler
répéter → je répète → je rép**è**terai   *ebenso:* préférer, espérer, exagérer, récupérer
appeler → j'appelle → j'appe**ll**erai   *ebenso:* rappeler
essayer → j'essaie → j'essa**i**erai   *ebenso:* payer, s'ennuyer, nettoyer

⚠ Bei diesen Verben auf ***-er***, die eine Besonderheit in der Schreibweise haben, musst du zur Bildung des ***futur simple*** von der 1. Person Singular Präsens ausgehen.

Ausnahmen

aller → j'irai	vouloir → je voudrai	décevoir → je décevrai	courir → je courrai
avoir → j'aurai	pouvoir → je pourrai	venir → je viendrai	il faut → il faudra
être → je serai	savoir → je saurai	voir → je verrai	il pleut → il pleuvra
faire → je ferai	devoir → je devrai	envoyer → j'enverrai	

⚠ Einige der häufig gebrauchten Verben haben im ***futur simple*** unregelmäßige Formen. Sie haben einen besonderen Futur-Stamm, an den du die Futur-Endungen anhängst. Diese Verbformen musst du auswendig lernen.

On ira chez Berthillon le week-end?

On verra.

41 S'il fait beau demain, je me baignerai.

ME p.108

Der reale Bedingungssatz | La condition réelle

Si vous voulez,	**on peut** rentrer.
Si ça continue comme ça,	**on rentre** à Paris.
S'il n'y a pas de bouchons,	**on sera** à Camaret vers 18 heures.
S'il fait beau demain,	**je me baignerai** toute la journée.

Mit Bedingungssätzen kannst du sagen, was geschehen wird, wenn eine bestimmte Bedingung erfüllt ist. Im Nebensatz mit *si* steht die Bedingung. Im Hauptsatz sagst du, was geschehen wird, wenn diese Bedingung erfüllt ist. Im Nebensatz verwendest du das *présent*, im Hauptsatz *présent* oder *futur simple*.

MERKE Nebensatz mit *si*:   Hauptsatz:
présent   *présent / futur simple*

S'il n'y a pas de bouchons,   on sera à Camaret vers 18 heures.
On sera à Camaret vers 18 heures,   **s'il n'y a pas de bouchons**.

Der *si*-Satz kann <u>vor</u> oder <u>nach</u> dem Hauptsatz stehen.

S'il veut, on peut rentrer.	**S'ils** veulent, on peut rentrer.
Si elle veut, on peut rentrer.	**Si elles** veulent, on peut rentrer.
Si on se dépêche, on arrive avant 18 heures.	

Si wird nur vor *il* und *ils* verkürzt. Vor *elle, elles* und *on* wird *si* nicht verkürzt.

MERKE s'il   aber: *si elle*
s'ils   *si elles*
             si on

S'il fait beau, je me baigne.   Bedingung
Wenn (= Falls) …

Quand il fait beau, je me baigne.   Zeitangabe
Wenn (= Immer wenn) …

! „Wenn" kann einen zeitlichen Nebensatz oder einen Bedingungssatz einleiten. Im Französischen gibt es dafür zwei verschiedene Konjunktionen: *si* = „wenn/falls" (Bedingungssatz), *quand* = „wenn/immer wenn" (zeitlicher Nebensatz).

Hast du das verstanden?   ▶ Webcode: APLUS-3-GH
Ergänze mit den passenden Verbformen. Im Hauptsatz sind jeweils zwei Lösungen möglich.
1. S'il y *(avoir)* du vent demain, je *(faire)* du surf.   2. Si vous *(vouloir)*, on *(aller)* manger une glace.   3. S'il *(pleuvoir)* demain, on *(lire)* des bédés et on *(écrire)* des cartes.

42 Buchstaben und Laute | Les lettres et les sons

Wie sprichst du ein *e* aus? [ə], [e] oder [ɛ]?

	Schreibung		Aussprache
le, de, regarder	e	[ə]	wie in Kab**e**l
écouter, école	é	[e]	wie in S**ee**
mère, père, étagère	è	[ɛ]	wie in W**e**lt, **E**nte
être, rêver, fête	ê	[ɛ]	wie in W**e**lt, **E**nte

Die Buchstaben *è* und *ê* werden vollkommen gleich ausgesprochen.

Wie sprichst du ein *c* aus? [k] oder [s]?

	Schreibung		Aussprache
cadeau, collège, cuisine	c	[k]	Vor *a, o, u* wird *c* wie [k] gesprochen.
c'est, cent, cinéma, merci	c	[s]	Vor *e, i* wird *c* wie [s] gesprochen.
français, ça, garçon	ç	[s]	❗ Soll ein *c* vor *a, o, u* auch wie ein [s] gesprochen werden, erhält es eine „cédille": *ç*.

Wie sprichst du ein *g* aus? [g] oder [ʒ]?

	Schreibung		Aussprache
gare, rigoler	g	[g]	*g* wird vor *a, o, u* wie [g] gesprochen.
génial, âge, bougie, allergie	g	[ʒ]	*g* wird vor *e, i* wie [ʒ] gesprochen.
nous mangeons	ge	[ʒ]	❗ Soll ein *g* vor *a, o, u* auch wie [ʒ] gesprochen werden, schreibt man *ge-*.
guitare, blague	gu	[g]	❗ Soll ein *g* vor *e, i* auch [g] gesprochen werden, schreibt man *gu-*.

Wie sprichst du ein *h-* aus?

Im Französischen gibt es zwei *h-*: das *h- muet* (stummes *h-*) und das *h- aspiré* (behauchtes *h-*). Beide werden nicht ausgesprochen. Alle französischen Wörter, die mit *h-* beginnen, werden also so ausgesprochen, als würde das Wort mit dem auf das *h-* folgenden Vokal beginnen: *heure* [œʀ], *habitude* [abityd], *hiver* [ivɛʀ].

Welches *h-* behaucht und welches *h-* stumm ist, musst du mit jedem Wort mitlernen. Ein Tipp: Meistens ist das *h-* stumm.

Beachte folgende Unterschiede: Ein **h- muet** (stummes **h-**) wird behandelt wie ein Vokal:

l'habitude, l'heure

j'habite

mon habitude *f.*

Vor einem stummen **h-**

– apostrophierst du den bestimmten Artikel,

– apostrophierst du **je**,

– verwendest du auch vor femininen Nomen **mon, ton, son** (nicht **ma, ta, sa**).

Ein behauchtes **h- (h- aspiré)** behandelst du aber wie einen Konsonanten. Bisher kennst du acht Wörter, die mit **h- aspiré** beginnen: *le hamac, le hamster, le handball, le hip-hop, le hobby, le hockey, la hauteur, le hasard.*

le hamac, **le** hamster, **le** handball

mon hamac, **ton** hamster, **son** hobby

Vor einem behauchten **h-**

– verwendest du **le** und **la** (nicht **l'**),

– bindest du das **-n** von **mon, ton, son** nicht.

43 Liste der grammatischen Begriffe | Liste des expressions grammaticales

In dieser Liste findest du alle Begriffe wieder, die in den Grammatikheften von **À plus!** Band 1, 2 und 3 verwendet werden. Die Zahlen in Klammern geben dir die Abschnitte an, in denen du ausführliche Erklärungen zu den Begriffen findest. Suchst du einen Begriff, der aus einem Nomen und einem anderen Wort besteht, musst du unter dem Nomen nachsehen. Erklärungen zum bestimmten Artikel findest du also unter: Artikel, bestimmter.

Adjektiv

(un adjectif), Eigenschaftswort. Beschreibt Personen oder Sachen: *Il est grand.* (Er ist groß.) Die meisten französischen Adjektive stehen hinter dem Nomen: *un livre intéressant* (ein interessantes Buch). Nur einige Adjektive stehen vor dem Nomen: *une petite rue* (eine kleine Straße). (p. 9–12/3; p. 30/16) → Komparativ, → Superlativ

Adverb

(un adverbe), Umstandswort. Beschreibt Verben, → Adjektive oder andere Adverbien näher: *Elle parle vite.* Viele Adverbien können von Adjektiven abgeleitet werden: *heureux/heureuse* → *heureusement.* (p. 29/14)

Akzent

(un accent). Im Französischen gibt es drei Akzente, die über einem Vokal stehen können: *é (accent*

aigu), *è (accent grave)*, *ê (accent circonflexe)*. (p. 57/42)

Apostroph

(une apostrophe), Auslassungszeichen. Zeigt an, dass an dieser Stelle ein → Vokal ausgelassen wurde: *l'armoire, j'habite, c'est, je m'appelle.*

Artikel, bestimmter

(un article défini), bestimmtes Geschlechtswort. Im Französischen gibt es zwei bestimmte Artikel für den → Singular: *le* und *la*. Der bestimmte Artikel im → Plural ist *les*. Einen sächlichen Artikel gibt es im Französischen nicht: *le garçon, la fille, les parents.* (p. 7/1; p. 8/1.1)

Artikel, unbestimmter

(un article indéfini), unbestimmtes Geschlechtswort. Im Französischen gibt es zwei unbestimmte Artikel im → Singular, *un* und *une*: *un garçon, une fille. Un* und *une*

haben eine gemeinsame Pluralform *(des)*, die es im Deutschen nicht gibt: *des livres* (Bücher). (p. 7/1)

Artikel, zusammengezogener

(un article contracté). Die bestimmten Artikel *le* und *les* werden mit den → Präpositionen *à* und *de* zusammengezogen: *à + le = au; à + les = aux; de + le = du; de + les = des*. (p. 8/1.2)

Aussagesatz

(la phrase déclarative). Ein Satz, der mit einem Punkt endet, wenn man ihn schreibt: *Ils habitent à Strasbourg.* (Sie wohnen in Straßburg.) Andere Satzarten sind der → Fragesatz und der Aufforderungssatz.

Bedingungssatz, realer

(la condition réelle). Zusammengesetzter Satz, der aus → Hauptsatz und → Nebensatz besteht. Sagt aus, was geschehen wird,

wenn eine bestimmte Bedingung erfüllt ist. (p. 56/41)

Befehlsform → Imperativ

Begleiter
(le déterminant). Ein Wort, das ein → Nomen näher bestimmt. Es gibt unterschiedliche Begleiter: → bestimmter Artikel (*la mère*), → unbestimmter Artikel (*une mère*), → Possessivbegleiter (*ma mère*), → Demonstrativbegleiter (*cette mère*), → Fragebegleiter (*quelle mère?*), der Begleiter *tout* (*toute la classe*). (p. 7/1)

Beugung → Konjugation

Demonstrativbegleiter
(le déterminant démonstratif), hinweisender Begleiter. Weist auf eine bestimmte Person oder Sache hin: *ce* livre (dieses Buch); *cet* ordinateur (dieser Computer); *cette* fille (dieses Mädchen). (p. 7/1)

Eigenschaftswort → Adjektiv

Einzahl → Singular

Endung
(la terminaison). Teil eines Wortes, der an den → Stamm des Wortes angefügt wird: *les amis* (Endung -s für den Plural); *Elle est grande*. (Endung -e für die feminine Form). Bei Verben zeigt die Endung an, in welcher Person und Zeit ein Verb verwendet wird: *nous jou-ons* (1. Person Plural Präsens).

Entscheidungsfrage
(une interrogation totale). Eine Frage, auf die du mit „ja" oder „nein" antworten kannst: *– Est-ce qu'on fait une balade? – Oui./Non.*

Ergänzung
(le complément). Ein Satzteil, der eine Ergänzung zum Verb darstellt. Es gibt unterschiedliche Ergänzungen: → direktes Objekt, → indirektes Objekt, Ortsangaben. (p. 18/7.1; p. 63)

feminin
(féminin), weiblich. → Genus

Fragebegleiter
(le déterminant interrogatif), Interrogativbegleiter. Begleiter, mit dem du nähere Informationen zu einem Nomen erfragst. *Quel* wird dem Nomen angeglichen, vor dem es steht: *Quel livre?*; *Quelle table?* (p. 7/1)

Frage, indirekte
(une interrogation indirecte). Eine Frage, mit der du wiedergibst, was eine andere Person gefragt hat. Die indirekte Frage wird mit der → Konjunktion *si*, mit *ce qui*, *ce que* oder mit dem → Fragewort der direkten Frage eingeleitet: *Louis demande si tu viens.* (Louis fragt, ob du kommst.); *Il se demande pourquoi tu ne viens pas.* (Er fragt sich, warum du nicht kommst.); *Il veut savoir ce que tu fais maintenant.* (Er will wissen, was du jetzt machst.) (p. 21/9; p. 46–47/33)

Fragepronomen
(le pronom interrogatif). Mit dem Fragepronomen fragst du nach Personen oder Sachen: *Lequel?, Laquelle?, Lesquels?, Lesquelles?.* Im Unterschied zum → **Fragebegleiter** steht das Fragepronomen alleine, d. h. ohne nachfolgendes Nomen: *– Tu connais ce film? – Lequel?* (– Kennst du diesen Film? – Welchen?) (p. 49–50/35)

Fragesatz
(une interrogation). Im Französischen gibt es mehrere Möglichkeiten, einen Fragesatz zu bilden: die → Intonationsfrage, die → Inversionsfrage, die Frage mit *est-ce que* und die Frage mit → Fragewort. (p. 20–21/8; p. 36–37/22)

Fragewort
Wort, das eine Frage einleitet, z. B. *qui?* / *qui est-ce qui?* (wer?); *qui est-ce que?* (wen?); *qu'est-ce qui?* (was?); *qu'est-ce que?* (was?); *pourquoi?* (warum?); *quand?* (wann?); *où?* (wo?). (p. 20–21/8.2; p. 36–37/22)

Fürwort → Pronomen

futur composé
(zusammengesetzte Zukunft). Zeitform des Verbs, mit der du ausdrücken kannst, dass eine Handlung in der Zukunft stattfinden wird. Sie wird aus einer konjugierten Form des Verbs *aller* und dem Infinitiv eines Verbs gebildet: *On va aller à Paris.* (Wir werden nach Paris fahren.) (p. 17/5.6)

futur simple
(einfache Zukunft). Zeitform des Verbs, mit der du ausdrücken kannst, dass eine Handlung in der Zukunft stattfinden wird. Im Unterschied zum *futur composé* besteht das *futur simple* nur aus einer Verbform: *On regardera ce film demain.* (Wir werden diesen Film morgen sehen.) Das *futur simple* verwendest du auch im → realen Bedingungssatz. (p. 55/40)

Gegenwart → Präsens

Genus
(le genre), Geschlecht eines Wortes. Im Französischen gibt es nur zwei Geschlechter: maskulin (männlich) oder feminin (weiblich). Ein neutrales (sächliches) Geschlecht gibt es im Französischen nicht.

Geschlecht → Genus

Grundform des Verbs → Infinitiv

Hauptsatz
(la proposition principale). Ein Satz, der mindestens aus einem → Subjekt und einem Verb besteht: *Noah parle.* Ein Hauptsatz kann, im Unterschied zu einem → Nebensatz, alleine stehen.

Hauptwort → Nomen

Hervorhebung → *mise en relief*

Hilfsverb
(le verbe auxiliaire). *Avoir* und *être* werden als Hilfsverben zur Bildung des → *passé composé* verwendet. *Aller* wird als Hilfsverb zur Bildung des → *futur composé* verwendet. (p. 17/5.6–5.7)

imparfait
Zeitform der Vergangenheit. Du verwendest das *imparfait* hauptsächlich zur Schilderung einer bestehenden Situation, eines Zustands und für Handlungen, die in der Vergangenheit gleichzeitig verliefen, sowie für Handlungen, die sich in der Vergangenheit häufig wiederholt haben: *Ils **mangeaient** et **regardaient** la télé*. (Sie aßen und schauten fern.) (p. 22–26/11–12)

Imperativ
(un impératif), Befehlsform. Mit den Imperativformen des Verbs kannst du eine oder mehrere Personen auffordern, etwas zu tun: ***Lis. Lisons. Lisez.*** Der Imperativ wird auch häufig mit einem → Pronomen verwendet: *Regarde-**moi***. (Schau mich an.); *Écoutez-**nous***. (Hört uns zu.) (p. 43/29)

Imperativ, verneinter
(un impératif négatif). Mit dem verneinten Imperativ kannst du jemanden auffordern, etwas zu unterlassen: ***Ne pleure plus***. (Weine nicht mehr.); ***Ne faites pas** ça*. (Tut das nicht.) Der verneinte Imperativ kann auch mit einem → Pronomen verwendet werden. (p. 43/29)

Infinitiv
(un infinitif). Grundform des Verbs, die zu keiner Person gehört, z. B. *jouer, attendre, faire*. In dieser Form findest du Verben im Wörterbuch. Den Infinitiv eines Verbs brauchst du zur Bildung des → *futur composé*.

Infinitivergänzung
(le complément avec l'infinitif). Infinitive können als Ergänzung nach Verben oder anderen Ausdrücken stehen. Sie werden ohne → Präposition (*Elle aime **nager**.* / Sie schwimmt gerne.) oder mit den Präpositionen *à* oder *de* angeschlossen (*Il a oublié **de faire** ses devoirs.* / Er hat vergessen, seine Hausaufgaben zu machen.; *Elle a commencé **à ranger** sa chambre.* / Sie hat angefangen, ihr Zimmer aufzuräumen.) (p. 31–32/18)

Infinitivsatz
(la phrase infinitive). Infinitive können nach der Präposition *avant de* stehen. Diese Infinitivsätze können Nebensätze ersetzen, wenn → Nebensatz und → Hauptsatz das gleiche → Subjekt haben: ***Avant de manger,** elle a regardé la télé.* (Bevor sie gegessen hat, hat sie ferngesehen.) (p. 38/24)

Intonation
(une intonation). Satzmelodie: das Heben und Senken der Stimme im Satz.

Intonationsfrage
(une interrogation par intonation). Frageform, die nur am Heben der Stimme am Satzende zu erkennen ist. (p. 20/8.1)

Inversionsfrage
(une interrogation par inversion). Frage, in der das → Subjekt nach dem Verb steht: ***Connais-tu** cette histoire?* (Kennst du diese Geschichte?); *Que **faites-vous**?* (Was macht ihr?). (p. 20/8)

Komparativ
(le comparatif), Vergleichsform. 1. Steigerungsform des → Adjektivs, mit der du Personen und Sachen miteinander vergleichen kannst: *Il est **plus grand que** Robin.* (Er ist größer als Robin.) 2. Steigerungsform

des → Adverbs: *Il court **plus vite que** son frère.* (Er rennt schneller als sein Bruder.) (p. 11/3.3; p. 40–41/26)

Konjugation
(la conjugaison), Beugung. Anpassung eines Verbs an das → Subjekt, z. B. *jouer*: *Elle **joue**.*; *avoir*: *Il **a** un chien.*

Konjunktion
(la conjonction), Bindewort. Wort, mit dem du zwei Satzteile (*Paul **et** Pauline*) oder Sätze (*Marie aime la musique **et** Valentin aime le sport.*) verbinden kannst, z. B. *comme, et, mais, ou, parce que* und *quand*.

Konsonant
(la consonne), Mitlaut (b, c, d, f, g …).

männlich → maskulin → Genus

maskulin
(masculin), männlich. → Genus

Mehrzahl → Plural

Mengenangabe
(le quantifiant), z. B. *un litre de, beaucoup de, plus de, autant de*. Im Französischen verwendest du nach Mengenangaben *de*: *un kilo **de** farine* (ein Kilo Mehl). (p. 8–9/2; p. 41/28)

mise en relief
(Hervorhebung), besondere Betonung eines Satzteils. Das → Subjekt wird mit *c'est / ce sont … qui*, Ergänzungen mit *c'est / ce sont … que* hervorgehoben: ***Ce sont** Hugo et Max **qui** se disputent.*; ***C'est** samedi **que** nous partons.* (p. 44–45/31)

Mitlaut → Konsonant

Modalverb
(le verbe modal). *Pouvoir, vouloir, savoir, devoir* sind Modalverben. Auf ein Modalverb folgt ein anderes Verb im → Infinitiv: *Elle **veut** chanter.* (Sie will singen.); *Il **peut** chanter.* (Er kann singen.)

Modus

(le mode). Der Modus gibt darüber Auskunft, ob eine Handlung tatsächlich stattfindet oder ob sie nur erdacht oder erwünscht ist. Du kennst bisher die Modi: Indikativ (Wirklichkeitsform): *Je **viens** à sept heures.* (Ich komme um sieben Uhr.), → Imperativ (Befehlsform): ***Viens à sept heures.*** (Komm um sieben Uhr.), → subjonctif (der keine Entsprechung im Deutschen hat): *Il voudrait que je **vienne** à sept heures.* (Er möchte, dass ich um sieben Uhr komme.)

Nebensatz

(la proposition subordonnée). Satz, der von einem → Hauptsatz abhängig ist und nicht alleine stehen kann. Es gibt unterschiedliche Nebensätze, z. B. den → Relativsatz. (p. 13/4.2; p. 19/7.4; p. 31/17; p. 34/20)

Negation → Verneinung

Nomen

(le nom), Hauptwort. Wort, das eine Person oder eine Sache bezeichnet und meistens einen → Begleiter hat: *le **copain*** (der Freund); *ma **copine*** (meine Freundin). (p. 7/1)

Numerus

(le nombre), die Zahl. → Singular oder → Plural

Objekt, direktes

(le complément d'objet direct). Ergänzung, die ohne → Präposition direkt nach dem Verb steht: *J'aime **la musique.*** (Ich liebe Musik.) (p. 18/7.1; p. 63)

Objekt, indirektes

(le complément d'objet indirect). Ergänzung, die mit einer → Präposition an das Verb angeschlossen wird: *Il parle **à son prof.*** (Er spricht mit seinem Lehrer.) (p. 18/7.1; p. 63)

Objektpronomen, direktes

(le pronom objet direct). → Pronomen, mit dem ein → direktes Objekt ersetzt werden kann: *On fait le gâteau ensemble. – On **le** fait ensemble.* (Wir backen den Kuchen gemeinsam. – Wir backen ihn gemeinsam.) (p. 12–13/4.1)

Objektpronomen, indirektes

(le pronom objet indirect). → Pronomen, mit dem ein → indirektes Objekt ersetzt werden kann: *Il écrit des mails à Lisa. – Il **lui** écrit des mails.* (Er schreibt Lisa Mails. – Er schreibt ihr Mails.) (p. 12–13/4.1)

Partizip Perfekt

(le participe passé). Form des Verbs, die du zur Bildung des → *passé composé* brauchst: *Ils ont **regardé** la télé.* (Sie haben ferngesehen.) (p. 17/5.7; p. 37–38/23)

passé composé

(zusammengesetzte Vergangenheit). Zeitform des Verbs, mit der du Handlungen schilderst, die in der Vergangenheit stattgefunden haben. Das *passé composé* bildest du mit der konjugierten Form eines → Hilfsverbs (*avoir* oder *être*) und einem → Partizip Perfekt: *Ils **ont joué.*** (Sie haben gespielt.) (p. 17/5.7; p. 24–26/12; p. 37–38/23)

passé récent

(venir de + Infinitiv). Wird verwendet, um auszudrücken, dass eine Handlung gerade beendet worden ist: *Elle **vient de** manger.* (Sie hat gerade gegessen.) (p. 51/37)

Personalpronomen, unverbundenes

(le pronom personnel disjoint). Moi, toi, lui, elle, nous, vous, eux, elles verwendest du nicht vor einem Verb, sondern alleine stehend, nach Präpositionen, nach *c'est / ce sont* oder zur Verstärkung vor einem → verbundenen Personalpronomen: *Je rentre **avec lui.*** (Ich gehe mit ihm nach Hause.) (p. 12/4.1)

Personalpronomen, verbundenes

(le pronom personnel conjoint), persönliches Fürwort. *Je, tu, il, elle, on, nous, vous, ils, elles* verwendest du vor konjugierten Verbformen. Verbundene Personalpronomen sind immer → Subjekt des Satzes. (p. 12/4.1)

Plural

(le pluriel), Mehrzahl. Die Mehrzahl eines Wortes wird durch seine → Endung angezeigt, bei → Nomen und → Adjektiven meistens mit *-s: la bédé – les béd**és**; grand – grand**s**.* Der Plural der → bestimmten Artikel *le* und *la* ist *les,* der Plural der → unbestimmten Artikel *un* und *une* ist *des.*

Possessivbegleiter

(le déterminant possessif), besitzanzeigender Begleiter. Gibt den Besitz oder die Zugehörigkeit an: ***ma** chambre* (mein Zimmer); ***notre** appartement* (unsere Wohnung). (p. 7/1)

Präposition

(la préposition), Verhältniswort. Zeigt zeitliche, räumliche und andere Beziehungen zwischen Personen oder Sachen an: ***après** l'école* (nach der Schule); ***dans** ma chambre* (in meinem Zimmer). (p. 18/6; vordere Umschlagseite; p. 36/21)

Präsens

(le présent). Zeitform des Verbs, mit der du Handlungen schilderst, die in der Gegenwart stattfinden: *Elle **chante.*** (Sie singt.)

présent duratif

(être en train de + Infinitiv). Wird verwendet, um auszudrücken, dass eine Handlung gerade stattfindet: *Elle **est en train de** manger.* (Sie isst gerade.) (p. 50/36)

Pronomen

(le pronom), Fürwort. Wort, mit dem du Nomen oder Eigennamen ersetzen kannst. Es gibt unterschiedliche Pronomen: → Personalpronomen (verbundene und unverbundene),

▶

→ Objektpronomen (direkte und indirekte), → Reflexivpronomen, → Relativpronomen, das → Fragepronomen *lequel* und die Pronomen *y* und *en*. (p. 12–13/4; p. 22/10; p. 31/17; p. 39–40/25; p. 49/34; p. 49–50/35)

Rede, direkte
(le discours direct). Wörtliche Wiedergabe einer Äußerung, die im geschriebenen Text in Anführungszeichen gesetzt wird: *Marc: «Je rentre.»* (Marc: „Ich gehe nach Hause.")

Rede, indirekte
(le discours indirect). Mit der indirekten Rede gibst du wieder, was eine andere Person gesagt hat. Die indirekte Rede wird im Französischen immer mit der → Konjunktion *que* eingeleitet: *Marc dit **qu'il rentre.*** (Marc sagt, dass er nach Hause geht.) (p. 21/9)

Reflexivpronomen
(le pronom réfléchi), rückbezügliches Fürwort. Reflexivpronomen stehen vor einem → reflexiven Verb und stehen in der gleichen Person wie das → Subjekt des Satzes: *Les enfants **s'amusent.*** (Die Kinder amüsieren sich.) (p. 12–13/4)

Relativpronomen
(le pronom relatif). Bezieht sich auf Personen oder Sachen, über die etwas Genaueres ausgesagt werden soll. Mit einem Relativpronomen leitest du einen → Relativsatz ein. Bisher kennst du die Relativpronomen *où, qui, que* und *lequel*. (p. 13/4.2; p. 31/17; p. 34/20)

Relativsatz
(la proposition relative). → Nebensatz, der mit einem → Relativpronomen beginnt. Er gibt zusätzliche Informationen zu Personen oder Sachen, die im Hauptsatz genannt sind: *C'est le garçon **qui** fait du hand-ball.* (Das ist der Junge, der Handball spielt.) (p. 13/4.2; p. 31/17; p. 34/20)

Satz
(la phrase). Besteht mindestens aus → Subjekt und Verb. Es gibt unterschiedliche Arten von Sätzen: → Aussagesatz und → Fragesatz, → Hauptsatz und → Nebensatz, → Relativsatz. (p. 18–19/7; p. 20–21/8)

Selbstlaut → Vokal

Singular
(le singulier), Einzahl. Singularformen gibt es bei → Nomen, → Verb, → Adjektiv, → Pronomen und → Begleitern.

Stamm
(le radical). Ein Verb besteht aus einem Stamm und einer → Endung: ***parl**-ons.*

Stellung des Adjektivs → Adjektiv

Subjekt
(le sujet), Satzgegenstand. Der Teil eines Satzes, über den etwas ausgesagt wird: ***Yasmine** est drôle.* Nach dem Subjekt fragst du mit „wer?" oder „was?".

subjonctif
→ Modus des Verbs. Nach bestimmten Verben und Ausdrücken musst du den *subjonctif* eines Verbs verwenden. Der *subjonctif* steht in einem → Nebensatz, der mit *que* eingeleitet wird: *Il faut **que nous partions.*** Im Deutschen gibt es keine Entsprechung zum *subjonctif*. (p. 53–54/39)

Superlativ
(le superlatif). Höchste Steigerungsform des → Adjektivs (*C'est **la plus belle** actrice.* / Das ist die schönste Schauspielerin.) und des → Adverbs (*Il court **le plus vite**.* / Er rennt am schnellsten.) (p. 11–12/3.4; p. 41/27)

Tätigkeitswort → Verb

Teilungsartikel
(un article partitif). Im Französischen gibt es neben dem bestimmten und dem unbestimmten Artikel noch einen Artikel, der unbestimmte Mengen begleitet: *de l'eau* (Wasser); ***du** lait* (Milch); *de la farine* (Mehl). Im Deutschen gibt es keinen Teilungsartikel. (p. 8/2)

Verb
(le verbe), Tätigkeitswort. Ein Verb besteht aus einem → Stamm und einer → Endung. Verben werden dem → Subjekt eines Satzes angeglichen. Es gibt regelmäßige Verben, die alle gleich konjugiert werden (z. B. *regarder, jouer*) und unregelmäßige Verben (z. B. *être, faire*). (p. 14–17/5; p. 63; p. 64; hintere Umschlagseite)

Verb, reflexives
(le verbe pronominal). Rückbezügliches Verb, vor dem immer ein Pronomen steht, das → Reflexivpronomen: *Elle **se baigne**.* (Sie badet.) Nicht jedes Verb, das im Französischen reflexiv ist, ist es im Deutschen auch. Reflexive Verben bilden das *passé composé* mit dem Hilfsverb *être*: *Elle **s'est baignée**.* (Sie hat gebadet.) (p. 12–13/4.1; p. 37–38/23)

Verhältniswort → Präposition

Verneinung
(la négation). Die französische Verneinung besteht aus zwei Teilen: *ne ... pas, ne ... plus, ne ... jamais, ne ... rien, ne ... personne. Ne* steht vor dem Verb und *pas/plus/rien/jamais/personne* dahinter: *Elle **ne** téléphone **pas**.* (Sie telefoniert nicht.); *Elle **ne** téléphone **plus**.* (Sie telefoniert nicht mehr.) (p. 19/7.3)

Vokal
(la voyelle), Selbstlaut (a, e, i, o, u, y).

weiblich → feminin → Genus

Zukunft, zusammengesetzte → *futur composé*

AUF EINEN BLICK

Die Verben und ihre Ergänzungen

Hier findest du eine Liste wichtiger französischer Verben mit ihren Anschlüssen.

Abkürzungen:

qn (= quelqu'un): Steht für ein Nomen oder ein Pronomen, das eine Person bezeichnet.

qc (= quelque chose): Steht für ein Nomen oder ein Pronomen, das eine Sache bezeichnet.

+ *inf.* (= + *infinitif*): Steht für den Infinitiv eines anderen Verbs.

Ergänzungen mit *à*

aider qn **à** + *inf.*	jdm helfen etw. zu tun
apprendre **à** + *inf.*	lernen etw. zu tun
arriver **à** qc / + **à** *inf.*	etw. erreichen / schaffen etw. zu tun
confier qc **à** qn	jdm etw. anvertrauen
demander (qc) **à** qn	jdn (nach etw.) fragen
dire qc **à** qn	jdm etw. sagen
donner qc **à** qn	jdm etw. geben
écrire qc **à** qn	jdm etw. schreiben
envoyer qc **à** qn	jdm etw. schicken
inviter qn **à** qc	jdn zu etw. einladen
jouer **à** qc	etw. spielen *(Sport, Spiel)*
montrer qc **à** qn	jdm etw. zeigen
offrir qc **à** qn	jdm etw. schenken
parler **à** qn	mit jdm sprechen
participer **à** qc	an etw. teilnehmen
passer qc **à** qn	jdm etw. reichen
penser **à** qn/qc	an jdn/etw. denken
plaire **à** qn	jdm gefallen
proposer qc **à** qn	jdm etw. vorschlagen
réfléchir **à** qn/qc	über jdn/etw. nachdenken
répondre **à** qn/qc	jdm antworten / etw. beantworten
réussir **à** + *inf.*	schaffen etw. zu tun
se présenter **à** qn	sich jdm vorstellen
s'identifier **à** qn/qc	sich mit jdm/etw. identifizieren
signaler qc **à** qn	jdm etw. melden
s'intéresser **à** qn/qc	sich für jdn/etw. interessieren
téléphoner **à** qn	mit jdm telefonieren

Ergänzungen mit *de*

arrêter **de** + *inf.*	aufhören etw. zu tun
décider **de** + *inf.*	beschließen etw. zu tun
jouer **de** qc	etw. spielen *(Musikinstrument)*
parler **de** qn/qc	von jdm/etw. sprechen
promettre (**à** qn) **de** + *inf.*	(jdm) versprechen etw. zu tun
proposer (**à** qn) **de** + *inf.*	(jdm) vorschlagen etw. zu tun
rêver **de** qc / **de** + *inf.*	von etw. träumen / davon träumen etw. zu tun
se moquer **de** qn/qc	sich über jdn/etw. lustig machen
se souvenir **de** qn/qc	sich an jdn/etw. erinnern
s'occuper **de** qn/qc	sich um jdn/etw. kümmern
il s'agit **de** qc	es handelt sich um etw.
avoir besoin **de** qn/qc	jdn/etw. brauchen
avoir besoin **de** + *inf.*	etw. tun müssen
avoir envie **de** qc / **de** + *inf.*	auf etw. Lust haben / Lust haben etw. zu tun
avoir le droit **de** + *inf.*	das Recht haben etw. zu tun
avoir le temps **de** + *inf.*	Zeit haben etw. zu tun

Die Verbgruppen

Verben auf *-er*
Die meisten französischen Verben werden so konjugiert, Ausnahme: ***aller***.

parler: je parle, tu parles, il parle, nous parlons, vous parlez, ils parlent

Zu dieser Gruppe gehören Verben mit besonderen Schreibweisen:

acheter: j'ach**è**te
préférer: je préf**è**re
protéger: je prot**è**ge
appeler: j'appe**ll**e

essayer: j'essa**i**e
nettoyer: je netto**i**e

commencer: nous commen**ç**ons
manger: nous mang**e**ons

Verben auf *-ir* mit Stammerweiterung (eine große Gruppe)

réagir: je réagis, tu réagis, il réagit, nous réagissons, vous réagissez, ils reágissent
ebenso: agir, applaudir, choisir, finir, grandir, réfléchir, réussir

Verben auf *-ir* mit Stammverkürzung (eine kleine Gruppe, insgesamt neun Verben)

dormir: je dors, tu dors, il dort, nous dormons, vous dormez, ils dorment
ebenso: partir, sortir, mentir, sentir

Verben auf *-ir* (eine ganz kleine Gruppe, insgesamt fünf Verben)
Diese *-ir*-Verben werden wie Verben auf *-er* konjugiert.

ouvrir: j'ouvre, tu ouvres, il ouvre, nous ouvrons, vous ouvrez, ils ouvrent
ebenso: découvrir, offrir

Verben auf *-re* (eine kleine Gruppe)

perdre: je perds, tu perds, il perd, nous perdons, vous perdez, ils perdent
ebenso: attendre, descendre, entendre, répondre, vendre

Unregelmäßige Verben

être, avoir, aller, boire, connaître, construire, courir, croire, décevoir, devoir, dire, écrire, envoyer, faire, lire, mettre, plaire, pouvoir, prendre, rire, savoir, suivre, venir, vivre, voir, vouloir

Die Konjugationen der unregelmäßigen Verben findest du in deinem Französischbuch, S. 158–160.